高等职业教育“十二五”规划教材

航空服务类专业教材系列

机场服务

罗良翌　先梦瑜　李　伟　主　编

柳　青　徐婷婷　副主编

科学出版社

北　京

内 容 简 介

本书系统完整地介绍了机场为旅客提供的服务种类及机场应该如何为旅客服务，包括机场概论、机场通用服务、机场提供的客运服务、联检服务及机场服务质量。

本书可作为高等职业学校航空服务专业学生用书，亦可作为民航运输类其他专业学生学习掌握机场服务的用书，还可供对此感兴趣的相关人士参考阅读。

图书在版编目（CIP）数据

机场服务 / 罗良翌，先梦瑜，李伟主编．—北京：科学出版社，2012
（高等职业教育“十二五”规划教材·航空服务类专业教材系列）
ISBN 978-7-03-034254-6

Ⅰ.①机… Ⅱ.①罗… ②先… ③李… Ⅲ.①民用航空－商业服务－高等职业教育－教材 Ⅳ.① F560.9

中国版本图书馆CIP数据核字（2012）第090105号

策划编辑：陈 磊 / 责任校对：刘玉靖
责任编辑：朱大益 / 版式设计：金舵手
责任印制：吕春珉 / 封面设计：艺和天下

科学出版社 出版
北京东黄城根北街16号
邮政编码：100717
http：//www.sciencep.com

铭浩彩色印装有限公司印刷
科学出版社发行 各地新华书店经销

*

2012年 6 月第 一 版 开本：787×1092 1/16
2019年 12 月第十次印刷 印张：8 1/2
字数：202 000

定价：27.00 元

（如有印装质量问题，我社负责调换〈铭浩〉）
销售部电话 010-62134988 编辑部电话 010-62138978-8205（VZ02）

高等职业教育航空服务类专业规划教材
编写指导委员会

本书编写人员

主　编：罗良翌　先梦瑜　李　伟
副主编：柳　青　徐婷婷

序

PREFACE

伴随着中国经济社会的发展和人力资源需求的变化，职教界积极应对经济发展的形势，促成了中国职教改革背景的产生。在教高2006年16号文件指引下，高职教育率先迈出了改革步伐，人才培养质量工程得以实施，基于工作过程的职教改革思想得以贯彻。随着一百所高职示范院校的建设成功，大量的教改成果和教改思想涌现出来，极大推动了全国高职教育的发展步伐。

高职教育的培养目标，是培养合格的高技能人才，即千百万从事生产、建设、管理、服务第一线工作的高素质技能型人才。原有的职业教育体制没有区分出科学研究型、工程设计型教育和职业技能型教育的特点，均以学科化讲授式的教育方式育人，导致学生的个性发展与未来岗位对其的要求难以吻合，职业教育培养出的人才需要在企业重新接受现场培训后才能上岗，且职业能力和职业素养发展参差不齐。为此，我国高职教育在借鉴世界职教先进国家的教育经验特别是近年对德国职教理念进行了较为深入的研究后，走上了一条具有中国特色的改革之路。改革的主导思想是：以岗位工作的各项要素为基础，以典型工作任务为整合能力目标和知识点组织教学内容，注重学生知识运用和解决问题、自我发展能力的培养；以任务驱动、项目导向的教学方式，替代原有的以课堂知识讲授引领的教学形式；强调学生职业岗位工作任务的胜任度。

高等职业教育“十二五”规划教材·航空服务类专业教材系列即是在这一背景下产生的。高职专业是对社会职业的概括和提炼，航空服务专业服务于民航业高素质服务人才培养的需要。本套教材系列紧密围绕职业教育培养目标，遵循职业教育教学规律，其选题以满足行业发展对高素质技能型人才的需求为出发点，做到“实用、适用”；内容选取对接企业实际工作任务中知识、能力、素质要求，涵盖了民用航空服务业主要工作岗位的人才培养需求；课程内容与行业从业标准相对接，在结构、内容及方法等方面进行了改革及创新。

本套教材系列既注重学生专业技能的培养，更注重职业素养的养成，同时关注行业先进技术在社会各领域中的应用；包括《民航基础》、《民用航空法基础》、《民航服务心理与实务》、《民航服务与人际沟通》、《民航英语基础教程》、《民航客运英语教程》、《民航乘务英语教程》、《民航国内客票销售》、《民航货物运输》、《民航旅客运输》、《服务礼仪》、《客舱服务》、《机场服务》、《航线地理》、《形体塑造与展示》、《职业形象塑造》、《口语表达与播音技巧》、《饮食营养与卫生》。

本教材系列体现工作过程导向，并符合高技能、应用性人才培养的目标和相关专业领域的职业岗位（群）的任职要求；内容设置科学实用，突出了针对性、适用性和创新性，为学生的可持续发展奠定良好的基础；在此基础上，把学生职业能力的培养和素质养成放在重要位置来考虑，满足职业性、实践性和开放性的教学要求。

本套教材系列设计独树一帜，目标定位准确；每本教材的内容以真实岗位工作任务为基础设计教学单元；每个单元中均设计了综合性的实训任务，以知识、能力、素质目标为主，配合知识要点、实训任务，穿插知识拓展、课堂练习，各章有小结。有关部分配备了可供教师扩展发挥的教学提示，以利不同专业教师选用、参考。

科学出版社先后两次召开有民航业资深专家、参编学校骨干教师、企业代表参加的审纲会，对本套教材的选题、选题内容、各选题的衔接以及编写体例进行了充分论证。本套教材的编者，既有在职教战线工作多年、直接参与了高职教育改革且具有丰富经验的资深教师，也有具备企业专业技术工作背景、又有丰富教学经验的双师素质教师。来自行业企业的领导和专家对本套教材进行指导。因此，本套教材融合了教育界的改革成果和企业界的专业技术，紧密结合行业标准和工作实际，与国家职业资格考试制度接轨，充分反映了目前高职教育改革的阶段成果，是编者们经验和高职示范院校教学改革成果的结晶。

本套教材系列的体系体现了目前高职航空服务类课程教改思想和理念，与旅游服务、民航运输的工作内容相连接，既代表了高端服务领域——航空服务的技术规范，又为相关各拓展领域专业的教学提供参考。

本套教材能够较好满足高职航空服务专业以及相关的空中乘务、民航运输等专业课程的教学需要，也可作为中职航空服务类课程教学和企业专项技能培训的参考资料。

高等职业教育航空服务类专业教材编写指导委员会
2011年10月

前言

FOREWORD

“十一五”期间，我国民航业发展迅速，民航服务能力快速提高，2010 年，民航运输总周转量 538 亿吨千米、旅客运输量 2.68 亿人次、货邮运输量 563 万吨，同比分别增长 15.6%、14.1% 和 12.9%，航空运输旅客周转量在综合交通运输体系中的比重提升 2.7 个百分点。

民航业的迅猛发展、航空运输条件的不断改进，使得越来越多的旅客选择乘坐飞机出行，而机场是旅客要完成飞行的必经之地。机场应该给予旅客更多、更好、更舒适的服务，方便旅客的出行，并使旅客达到较高的满意度。

民航经济的快速发展，也带动了我国民航职业教育的前进，目前，我国多所民航高职院校开设了“机场服务”这门课程，但是，民航职业教育因起步晚、更新快，在教材的选取方面，一直存在很大的问题，而机场服务目前尚未有完整全面的教材可供选择，给老师的教学及学生的学习带来很大的不便。因此，我们在充分调研的基础上，编写教材大纲并组织具有机场服务课程丰富教学经验的老师进行编写，同时完善教学资源的建设。

全书共分为 5 章，分别介绍了民用航空的基本知识、民航服务企业、机场系统、机场地面服务系统、候机楼问询服务、机场广播服务以及机场提供的订座服务、值机服务、行李服务等客运服务，机场联检服务及机场服务质量。

本书第 1 章由李伟编写，第 2 章由罗良翌编写，第 3 章由柳青编写，第 4 章由先梦瑜编写，第 5 章由徐婷婷编写，全书由罗良翌统一审定。

我们衷心希望通过本书的学习，能够使读者较全面地了解机场提供给旅客各项服务的工作内容，掌握机场服务工作的技能。同时也希望此书有助于行业工作人员全面掌握机场服务的工作要点，从而为提高民航服务人员的业务水平作出应有的贡献。

本书在编写过程中得到了许多机场工作人员的热情指导和帮助，在此谨向他们表示真挚的感谢。由于编者水平有限，书中难免有疏漏和不当之处，敬请各位业内人士及广大读者不吝指正。

编　者

2012年3月

目录

CONTENTS

第1章 概　论

知识目标

1. 了解民用航空的定义及分类
2. 明确机场与航空公司的关系
3. 掌握机场的分类及机场系统的构成

能力目标

1. 熟悉机场服务人员关于仪容仪表的相关要求
2. 达到机场服务人员行为规范的要求

民用航空系统主要由政府主管部门、民航企业和民航机场组成。机场作为整个航线网络上的节点，与航空公司相互依存。

1.1 民用航空知识

1.1.1 民用航空概论

20世纪20年代，航空业形成了3个相对独立而又紧密联系的行业，它们分别是民用航空、军事航空和航空器制造业。

民用航空是指使用各类航空器从事除了军事性质（包括国防、海关和警察）以外的所有航空活动。

1.1.2 民用航空分类

民用航空包括商业航空和通用航空。

1. 商业航空

商业航空也称航空运输，是指使用航空器进行经营性的客货运输的航空活动。它以营利为目的，是一种商业活动。它与铁路、公路、水路和管道运输共同组成了国家的交通运输系统。凭借其安全、快速及远距离运输能力强等优点，航空运输在交通运输系统中扮演着越来越重要的角色。

2. 通用航空

通用航空是指使用民用航空器从事公共航空运输以外的民用航空活动。它的范围十分广泛，主要包括以下几类。

1）工业航空：使用航空器进行与工业有关的各种活动，包括航空遥感、航空环境监测、航空测绘、航空地球物理探测、海上石油开发等。

2）农业航空：与农、林、牧、渔各行业相关的航空活动，如森林防火、喷洒农药等。

3）航空体育活动：使用航空器进行各种体育活动，如跳伞、滑翔机以及航空模型运动等。

4）航空科研和探险活动：包括新机型的试飞、新技术的验证以及利用航空器进行天文观测和探险活动。

5）飞行训练：飞行学校和俱乐部为培养各类飞行人员（空军飞行员除外）所进行的飞行活动。

6）公务航空：使用专用飞机为企业提供商务旅行服务的航空活动。专用飞机可以是企业自己或者租赁的，也可以是包机。

7）私人航空：私人拥有航空器进行的航空活动。

8）航空在其他一些领域中的应用，如巡逻、救援等。

1.1.3 民用航空系统的构成

民用航空系统由三部分构成，分别是政府部门、民航企业和民航机场。

1. 政府部门

民航业对安全的要求高，必须进行严格管理，涉及国家主权和交往的事务多，要求迅速协调和统一调度，所以几乎每个国家都设立独立的政府机构来管理民航事务，我国是由交通运输部下属的中国民用航空局来负责管理。

中国民用航空局简称民航局或CAAC（Civil Aviation Administration of China），是中华人民共和国国务院主管民用航空事业的部委管理的国家局，其前身为中国民用航空总局，于2008年3月改称中国民用航空局。它是中国民用航空业的监管者，主要负责政策制定、与国外政府协商并促进中外在航空领域的合作，以加快中国民用航空业快速、健康的发展。

2. 民航企业

民航企业指与民航业有关的各类企业，其中最主要的民航企业是航空公司，它们利用航空器从事航空运输生产，是民航业的主要收入来源。目前，我国主要的航空公司有中国国际航空公司、中国南方航空公司、中国东方航空公司、海南航空公司、深圳航空公司、厦门航空公司、上海航空公司、四川航空公司、山东航空公司等；其他类型的航空企业主要是指航空保障公司，如中国航空油料集团公司、中国民航信息集团公司、中国航空器材进出口集团公司，它们都是围绕着航空运输企业开展活动的。

3. 民航机场

机场是空中交通与陆地交通的转换场所，飞机的起降依赖于机场的跑道，旅客在机场的候机楼内办理登机手续。机场也是一个城市或地区的公众服务设施，机场既带有营利的企业性质，同时也带有为地区公众服务的事业性质，机场要具备为旅客服务的场所（候机楼）和相应设施。

1.2 民航服务企业及其相互关系

1.2.1 机场

1. 机场的概念

机场是指在陆地上或水面上一块划定的区域（包括各种建筑物、设施和设备），其全部或部分供飞机起飞、着陆和地面活动之用。简而言之，机场是指可供飞机起飞、降落、滑行、停放的场地和有关建筑物及设施的总称。

2. 机场的功能

简单的说，机场主要有以下几方面的功能。

1）保证飞机安全、及时地起飞和着陆。

2）安排旅客和货物准时、舒适地上下飞机。

3）提供便捷的地面交通方式连接市区。

3．国内主要机场介绍

截至 2011 年年底，我国（不含港澳台地区）共有民航运输机场 180 个。下面介绍几个有代表性的机场。

（1）北京首都国际机场

北京首都国际机场（Beijing Capital International Airport；机场三字代码：PEK）是目前中国最繁忙的民用机场，同时也是中国国际航空公司的基地机场。机场拥有三座航站楼、两条 4E 级跑道、一条 4F 级跑道，以及旅客、货物处理设施。机场原有东、西两条 4E 级双向跑道，尺寸分别为 3800 米 ×60 米、3200 米 ×50 米；2008 年建成的第三条跑道（3800 米 ×60 米，满足 F 类飞机的使用要求）位于机场东边。图 1.1 是首都国际机场鸟瞰图。

图 1.1　首都国际机场鸟瞰图

1 号航站楼于 1980 年 1 月 1 日启用，有 10 个登机口，规模相对较小。2008 年 6 月 27 日起，海南航空转场 1 号航站楼，1 号航站楼成为海航集团（包括海南航空、大新华航空、首都航空、天津航空）国内航班的专用航站楼。

2 号航站楼于 1999 年 11 月 1 日投入使用。2 号航站楼比 1 号航站楼大得多，可以同时处理 20 架飞机的停靠。1、2 号航站楼之间有一个乘客通道连接，通道中有数段自动传送带以减轻过长的步行距离给旅客带来的疲劳感。

图 1.2 为首都国际机场 1 号航站楼和 2 号航站楼俯瞰图。

图 1.2 首都国际机场 1 号和 2 号航站楼
（远处为 1 号楼，近处为 2 号楼）

3 号航站楼于 2008 年 2 月投入运营，其总建筑面积约 98.6 万平方米，为目前世界最大的单体航站楼。

2011 年首都机场累计完成发送旅客 7395 万余人次，在国际机场协会（ACI）全球机场旅客排名中，首都机场吞吐量名列第二位，超过美国芝加哥奥黑尔国际机场 6596 万人次和英国伦敦希斯罗机场的 6578 万人次，仅次于美国亚特兰大哈兹菲尔德 - 杰克逊国际机场（8852 万人次）。

（2）广州白云国际机场

广州白云国际机场（Guangzhou Baiyun International Airport；机场三字代码：CAN）始建于 20 世纪 30 年代，在中国民用机场布局中具有举足轻重的地位。2004 年 8 月 5 日，总投资 198 亿元的广州新白云国际机场正式投入运营。这是我国首个按照中枢机场理念设计和建设的航空港。机场占地面积为 15 平方千米，其中，新机场一期航站楼面积为 32 万平方米，楼内所有设施设备均达到国际先进水平。目前拥有两条跑道，跑道尺寸分别为 3800 米 ×60 米、3600 米 ×45 米，可起降目前世界最大民航客机 A380。

广州白云国际机场是中国南方航空集团公司、深圳航空公司和海南航空公司的基地机场，2010 年旅客吞吐量为 4097 万人次，在国内机场中排第二位。图 1.3 是白云机场远期规划效果图。

图 1.3　白云国际机场远期规划效果图

2005 年 7 月，航空快递运输巨头联邦快递与广东省机场管理集团公司签约，联邦快递亚太转运中心正式落户广州白云国际机场。亚太转运中心于 2009 年 2 月正式投入运营，该转运中心是联邦快递在亚太地区最大的运营枢纽，承担整个亚太范围内 30 多个国家和地区的货物处理，是亚太地区连接欧美的桥梁。联邦快递亚太转运中心作为国际货物的中转站，可以吸引更多的公司投资广州，提升广州国际物流枢纽港的地位。

（3）上海浦东国际机场

上海浦东国际机场（Shanghai Pudong International Airport；机场三字代码：PVG）位于中国上海市浦东新区的江镇、施湾、祝桥滨海地带，占地面积 40 平方千米，距市中心约 30 千米，图 1.4 为浦东国际机场夜景。

图 1.4　上海浦东国际机场夜景

2009年，浦东机场日均起降航班达800架次左右，航班量已占到整个上海机场的六成左右。通航浦东机场的中外航空公司已达48家，航线覆盖90余个国际（地区）城市、62个国内城市。2010年的旅客吞吐量约为4058万人次，在中国内地机场年旅客吞吐量中排第三位。

机场目前拥有两座航站楼，其中1号航站楼建筑面积为27.8万平方米，2号航站楼建筑面积为48.55万平方米；跑道有3条，尺寸分别为4000米 ×60米、3800米 ×60米、3400米 ×60米；停机坪面积为149万平方米（一期124万平方米，二期25万平方米）；拥有218个停机位，其中登机桥位70个、远机位65个、货机位58个、维修机位25个；配备70座登机桥，1号航站楼28座，2号航站楼42座；拥有556个值机柜台，1号航站楼204个，2号航站楼352个。

（4）成都双流国际机场

成都双流国际机场（Chengdu Shuangliu International Airport；机场三字代码：CTU）位于成都市西南郊，距市中心16千米。机场于1993年被国家批准为“国际口岸机场”，2000年获得“落地签证权”，是中国国际航空西南公司、四川航空公司、中国东方航空四川分公司和成都航空公司的基地机场，已开通119条国内定期航线和16条国际（地区）直达航线，代码共享国际航线12条；是中国中西部地区最大的航空枢纽港和客货集散地，正致力于打造中国第四大航空枢纽。

成都双流国际机场占地面积14 000余亩，现有两条平行跑道，其中西跑道尺寸为3600米 ×45米，等级为4E；东跑道尺寸为3600米 ×60米，等级为4F，可供A380飞机起降；机场共有150个停机位。

图1.5 成都双流国际机场航站楼

成都双流国际机场拥有两座航站楼，如图 1.5 所示。1 号航站楼面积 13.8 万平方米，设有登机廊桥 28 条、安检通道 29 条、值机柜台 87 个，其中国际值机柜台 26 个，具有国际、国内中转服务和贵宾休息、银行、餐饮、购物、休闲等配套服务功能。2012 年初投入使用的 2 号航站楼建筑面积 34 万平方米，设有登机廊桥 47 个、值机柜台 144 个、安检通道 48 条，有完善的中转、购物、餐饮、娱乐等服务功能，可满足 5000 万人次以上旅客吞吐量。

成都双流国际机场 2010 年旅客吞吐量达到 2580.58 万人次，货邮吞吐量 43.22 万吨，客、货运均居中国机场前 6 位，中国中西部机场第一位。目前，成都双流国际机场每日进出港航班平均达 600 余架次。

（5）三亚凤凰国际机场

三亚凤凰国际机场（Sanya Phoenix International Airport；三字代码：SYX）位于三亚市西北 11 千米处，名胜美景环布周围，东眺浪漫的三亚湾及“鹿回头”，西望闻名遐迩的“天涯海角”，北倚满目葱翠的凤凰山，南濒碧波浩淼的南中国海。机场于 1994 年 6 月建成，7 月 1 日正式通航。图 1.6 为凤凰国际机场夜景。自通航以来，连年保证了安全营运，旅客吞吐量年平均增长率超过 20%，航班正常率达到 99.8%。目前，已开通航线 163 条，其中国内航线 126 条、国际航线 35 条、地区航线 2 条，与国内外 96 个城市通航。

图 1.6　三亚凤凰国际机场夜景

三亚凤凰国际机场在 2002 年被中国第四大航空集团——海航集团托管运营，依托海航集团的强大实力下，三亚凤凰国际机场发生了翻天覆地的变化。2004 ~ 2010 年，旅客吞吐量年均增长率超过 25%，2008 年旅客吞吐量超过 600 万人次，2009 年接近 800 万人次，2010 年达到 929 万人次，在全国 175 个机场中列第 17 位。

4. 国外主要机场介绍

(1) 亚特兰大哈兹菲尔德—杰克逊国际机场

亚特兰大哈兹菲尔德—杰克逊机场（Hartsfield-Jackson Atlanta International Airport；机场三字代码：ATL）位于美国佐治亚州亚特兰大市中心南方约 11 千米处，图 1.7 为该机场鸟瞰图。它是目前全世界旅客吞吐量最大、最繁忙的机场，旅客可由此机场飞向全世界超过 45 个国家、72 个城市及超过 243 个目的地（含本国）。2006 年，亚特兰大机场的旅客吞吐量超过 8000 万人次，航班数量高达 97 万次，两项指标稳居全球第一，成为全世界最繁忙的机场。据国际机场协会报告称，2010 年，亚特兰大机场的旅客吞吐量为 8852 万人次，比 2009 年增长 1.5%，较第二名北京首都国际机场高出 1500 万人次。亚特兰大为美国南部最大的都市，所以许多乘客会选择搭乘国内线的班机到此（这样的乘客占所有乘客数目的比重高达 57%），然后转乘其他飞机到邻近的城市，使亚特兰大机场成为一个以转机为导向的机场，客流量极大。

图 1.7 亚特兰大哈兹菲尔德—杰克逊国际机场鸟瞰图

(2) 韩国首尔仁川机场

首尔仁川国际机场（Seoul Incheon International Airport；三字代码：ICN）坐落在韩国著名海滨度假城市仁川西部的永宗岛上，距离首尔市区 52 千米，离仁川海岸 15 千米。周围无噪声源影响，自然条件优越，绿化率达 30%以上，环境优美舒适，加上其整体设计、规划和工程都本着环保的宗旨，因而被誉为“绿色机场”。

首尔仁川国际机场是大韩航空及韩亚航空的主要枢纽，于 2001 年 3 月正式启用，代替旧有金浦国际机场的国际航线枢纽地位（金浦机场现主要供国内航班使用）。仁川国际机场是国际客运及货运的航空枢纽，是亚洲最繁忙的国际机场之一。2005 ~ 2010 年，首尔仁川国际机场连续六年获得由国际机场协会调查、评选的“全球最佳机场”第一名。

首尔仁川国际机场航站楼的面积约 514 900 平方米，居韩国全国机场之首，图 1.8 为该机场鸟瞰图。机场共有三条跑道，跑道长度分别为 3750 米、3750 米、4000 米。跑道配备了 CATIIIB 类的仪表着陆系统，使得航班可以在 50 米的低能见度情况下运行。

图 1.8　首尔仁川国际机场鸟瞰图

（3）新加坡樟宜机场

樟宜机场（Singapore Changi Airport；三字代码：SIN）位于新加坡东部，占地面积 13 平方千米，其中 8.7 平方千米为填海开垦，图 1.9 该机场俯瞰全貌。机场目前拥有 4 座航站楼：1 号航站楼、2 号航站楼、3 号航站楼和低成本航站楼。其中 1 号、2 号、3 号航站楼是连接在一起的，旅客可通过旅客捷运系统和高架列车，或以步行方式自由来往于 3 个航站楼。低成本航站楼位于机场南部，主要为乘坐低成本航空公司飞机的乘客提供服务。樟宜机场拥有 2 条平行跑道，相隔 1.64 千米，尺寸均为 4000 米 ×60 米。

自 1981 年 7 月 1 日开始运营以来，樟宜机场以其优质服务享誉航空界，至今共获得 340 多个奖项，其中仅在 2009 年就获得 27 个奖项。

樟宜机场有 80 多家国际航空公司的航班飞往 60 个国家的 200 多个城市，每周有 5000 个班次进出机场，每年运送旅客超过 3700 万人次。凭借 40 000 平方米的商业空间，樟宜机

图 1.9 新加坡樟宜机场全貌

场成为新加坡最大的购物场所之一。

1.2.2 航空公司

1. 航空公司的定义

航空公司是以飞机为运载工具为乘客和货物提供航空服务的企业，它们一般需要一个官方认可的运行证书或批准。航空公司运营的飞机可以是自有的，也可以是租来的，它们可以独立提供服务，也可以与其他航空公司合伙或者组成联盟。航空公司的服务范围可以分为洲际的、洲内的、国内的，也可以分为航班服务和包机服务。

2. 航空公司的分类

航空公司可以按多种方式进行分类。

1）按公司规模分，如大型航空公司、小型航空公司。

2）按飞行范围分，如国际航空公司、国内航空公司。

3）按运输的种类分，如客运航空公司、货运航空公司。

4）按工作时间分，如定期航空公司、不定期航空公司。

3. 航空公司联盟

各国航空公司组成跨国、跨地区的航空联盟，共享资源，强化竞争力。其成员航空公司在航班、票务、代码共享、转机、常旅客计划、机场贵宾室及降低支出等多方面进行合作。目前主要的航空联盟有星空联盟、天合联盟、寰宇一家等。

1.2.3 机场和航空公司的关系

简单来说，机场和航空公司是相互依存的关系。对航空公司而言，机场是其整个航线网络上的节点，它需要机场为其提供相应的设施和服务。对于机场来说，航空公司是主要的客户，是航空性收入的主要来源，因而机场需要提供必要的设施、设备和服务来尽量满足航空公司的要求。

机场和航空公司面对着一个共同的服务对象——广大的旅客。能否为旅客提供优质的服务，事关机场和航空公司的生存与发展。服务就像一条纽带，把机场和航空公司这两个独立的经济体紧密地联结在一起。只有提供优质的服务，才会吸引越来越多的旅客和客户选择机场出行，相应的客、货运量才会越来越大。航空公司的业务量加大了，市场前景才会越来越广阔，从而进入一个良性循环，最终实现双赢的局面。

1.3 机场分类及机场系统

1.3.1 机场分类

根据机场的服务对象、机场的业务范围、机场在民航运输系统中发挥的不同作用，可按不同要求对机场划分类别，以便于科学管理、合理建设并设置相应配套设施和机构。

1. 按机场的服务对象划分

机场按服务对象可划分为军用机场、民用机场、军民合用机场。

2. 按航线业务范围划分

民航运输机场按照其航线性质，通常分为以下两类。

1）国际机场：开通国际航线并设有海关、边防检查、卫生检疫等联检机构的机场。

2）国内航线机场：只运营国内航线的机场。

3. 按机场在民航运输系统中所起的作用划分

机场是航空运输系统网络中的节点，按照其在该网络中的作用，可以分为以下三类。

1）枢纽机场：国际、国内航线密集的机场。旅客在此可以很方便地中转到其他机场。我国内地枢纽机场为北京首都国际机场、广州白云国际机场、上海浦东国际机场和上海虹桥机场。2010 年，这四家机场的旅客吞吐量之和占了全国机场旅客总吞吐量的 33%。

2）干线机场：以国内航线为主，航线连接枢纽机场、直辖市和各省会或自治区首府，空运量较为集中的机场。

3）支线机场：位于省、自治区内经济比较发达的中小城市和旅游城市，或经济欠发达但地面交通不便的城市的地方机场。这些机场空运量较少，航线多为本省区航线或邻近省区支线。

1.3.2 机场系统

机场一方面要面向天空，供飞机起飞和着陆；另一方面要面向陆地，为旅客和货物的进出服务，以便完成地面运输和空中运输的转变。

总体来说，机场可分为飞行区、航站区和地面运输区三大部分。

1）飞行区是机场内用于飞机起飞、着陆和滑行的地区，分为空中部分和地面部分。其中空中部分主要指飞机进场与离场的航路；地面部分则包括跑道、滑行道、机坪，以及一些为空管和维修服务的场地和设施，如塔台、机库等。

2）航站区是机场空侧和陆侧的交界面，是机场的客货运输服务区，是为旅客、货邮空运服务的。航站区主要由旅客航站楼（候机楼）、登机机坪、货运站（货运中心）组成。

3）地面运输区包括两个部分：航空港进入通道、航空港停车场和内部道路。

1.4 民航机场服务规范

1.4.1 仪容仪表

1. 着装

制服应干净整洁，搭配要适当，不允许随意修改制服样式。

2. 日常职业妆容

1）女生应化淡妆，不得着烟熏妆。眉毛的颜色应接近头发颜色，应修剪秀丽、整齐，眉笔应使用黑色或者深棕色；眼影的颜色须与制服颜色搭配，不得涂带有荧光的眼影；眼线应使用黑色，眼线不可描得过重；睫毛膏应以黑色为宜，不可使用假睫毛；口红的颜色以大红、深红、桃红、玫瑰红为宜，唇线的颜色应与口红颜色一致，不得使用珠光色口红和不健康色的口红；腮红的颜色应与口红颜色协调，并根据自己的脸形决定腮红的位置。

2）男生的胡须应刮干净或修整齐，不留长胡须，不留八字胡或其他怪状胡须。

3）手指和指甲要保持干净、整齐、无污垢，指甲长度应为不长于指顶2毫米，且指甲不能涂抹过于鲜艳的色彩（只限透明色指甲油）；手上的饰物只限手表和戒指两类。

1.4.2 行为规范

1. 站

抬头挺胸、目光平视、收腹立腰，双腿自然并拢。

2. 坐

女士坐下时，用手轻抚后裙摆，坐下后双脚并拢，大小腿成 90 度，上身挺直，双手放于腿上或放于桌面；男士坐下后可将双脚略分开，膝关节也自然稍分开，双手轻握半拳放于腿上或桌面上。

3. 行

走时身体重心微向前倾、收腹、挺胸、抬头，眼睛平视前方，肩部放松，两臂自然地前后摆动，脚步既轻且稳。

4. 言

正确使用礼貌用语。通常使用的词语有“您好”、“请”、“对不起”、“谢谢”、“很抱歉”、“打搅了”、“请原谅”、“没关系”、“不要紧”、“别客气”、“请您稍等一下”、“让您久等了”、“欢迎您”、“欢迎您下次再来”、“再见”等。

小结与练习

本章小结

通过本章的学习，应能了解民用航空的定义、分类以及民用航空系统的组成，掌握机场的分类、机场系统的组成以及机场与航空公司的关系，熟悉机场服务人员的仪容仪表要求及行为规范。

思考与练习

1．简述机场与航空公司的关系。

2．作为一名机场的服务人员，在仪容仪表和行为规范方面，应如何严格要求自己？

第2章 机场公共服务

知识目标

1. 了解机场地面交通服务
2. 掌握候机楼问询服务
3. 掌握候机楼广播服务
4. 了解机场的其他公共服务

能力目标

1. 能够熟悉机场的地面交通整体状况
2. 能够解决旅客的问询要求
3. 能够流畅地播报航班信息广播

机场公共服务是一系列服务的总称，包括地面交通服务、问询服务、候机楼广播服务、公共信息标志服务以及候机楼商业零售服务等。公共服务是旅客运输服务的延伸，是完整的旅客服务不可或缺的环节，虽然不直接体现在旅客的整个旅行中，但是其服务的好坏直接影响旅客旅行的愉快顺利与否。

2.1 地面交通服务

2.1.1 机场地面交通的意义

机场不可能独立存在，它需要依靠大型的水陆运输系统，使旅客能够往返机场、在机场停放车辆和前往机场各处。提到机场时，虽然人们首先想到的往往是空中旅行，但实际上地面交通对机场的运营相当重要。机场与其城市之间的交通问题，在国内一直处于不被重视的状态，产生这种现象的原因在于与城市内部交通相比其矛盾显得并不突出。此外，由于它同时连接机场和城市两个相对独立的交通系统，其边缘性和交叉性的特点客观上造成了长期被忽视的现实。

事实上，机场与城市中心联系的便利程度非常重要，它是机场功能充分实现的前提条件，更是城市基础设施水平的集中体现。作为城市重要的对外窗口之一，它对城市发展的影响力亦不可小觑。

2.1.2 机场客流特征的变化

随着经济的发展和航空事业自身的发展，航空乘客的构成有了实质性的变化，航空旅客的主体完成了由商务旅客向旅游和探亲旅客的过渡。在航空旅客中常旅客的比例呈显著下降趋势，普通百姓逐渐成为航空旅客的主体。

同样，我国的航空运输目前正以远高于世界的速度发展，因旅游出行的旅客数量每年以6% ~ 7%的速度递增，航空正逐渐成为大众化的出行方式。这种在航空旅客构成上的重要变化所导致的结果是：航空市场的顾客群基数扩大，航空市场的增长迅速。同时新的旅客群体对价格非常敏感，相反对航班的时间要求不高，冷门航班的旅客量增加，在周边交通系统中则表现为：交通需求量的增加；对交通方式的多样性提出了要求。

2.1.3 往返机场乘客的分类

往返于机场和市中心的乘客大致可以分为三类：前来乘坐航班或抵达的航空旅客及其迎送人员、机场的工作人员，以及工作地或居住地位于机场附近的人员。

通常说来，机场工作人员的出行是典型的通勤行为，具有潮汐性。航空旅客的出发时间和航班时间有很大的相关性，机场的特殊地理优势会促使沿线居民的出行需求增长迅速，往往给机场沿线交通带来很大的压力。所以在规划机场和城市之间的交通衔接方式的时候，应该考虑到不同性质乘客的不同出行需求。

三类人员的出行需求有时候不能协调。例如，航空旅客和机场工作人员希望一站直达。而沿线居民或工作人员则希望去往机场方向的公共交通在他们所希望的地点有停靠点。香港新国际机场在这一点上思路非常清晰，在实际做法上将机场巴士设计成两类。标记以“A”开头的巴士为旅客所设计，标记以“E”开头的巴士则为机场员工专门设计。对这两类不同的需求作了细分。

由于单一的交通方式不能满足需求，往往不能保证运输任务的顺利完成，同时也不能保障机场功能的顺利运转，在机场和市中心之间建设一个综合性、可靠度高，舒适性好的客运交通体系是机场能正常发挥作用的必要条件。

2.1.4 往返机场的主要交通方式

作为航空旅行的延伸，机场和市中心的交通联系应该适应航空市场大众化这一重要变化。世界上机场和市中心之间的联系方式主要有：轨道交通，绝大多数在沿线设有站点，其中又细分为高速铁路和普通铁路；直达巴士，通常在市区内会设若干个站点；常规公共交通（沿途停靠）；私人小汽车及出租车。

2.1.5 机场周边客运系统

机场周边客运系统可以分为外部交通和内部交通两个子系统。机场候机楼之间的交通系统又可以分为步行、轨道交通、巴士和步行输送系统。

候机楼内部的交通系统则主要为步行系统。在候机楼的平面方案确定以后，首先考虑人群流动的路线，参照一定的设计标准，力求达到人群的流动顺畅，无物理障碍。接下来才考虑各个公共服务设施的安排和商业设施的布置。

停机坪和候机楼之间的接驳是一种特殊情况，在机场没有登机口设备或者登机口设备不可用的情况下使用。

2.1.6 主要交通方式存在的弊端

与出租车相比，机场巴士在费用上的优势很大，然而机场巴士的弊端也十分明显。首先，机场巴士大部分穿越城市中心，运行受中心城区的交通状况影响很大；其次，机场巴士行驶速度较低；再次，巴士在城市内所设的站点分布可能不合理，对于携带大量行李的航空乘客来说，造成很多不便。

出租车尽管费用高昂，但是目前仍然是机场地面交通的主力。此外，私人小汽车也日益成为机场交通的重要力量。国内出租车和私人小汽车的迅猛发展，早期交通规划中没有充分考虑到小汽车流量的后果开始凸显。许多机场出现路段拥挤，航站楼候机大厅前的道路上人车混行，安全隐患严重，这将会影响机场的长期发展。

轨道交通具有清洁、环保、高效等特点，可以说是机场地面交通的一种较好选择。但目前轨道交通还不是国内机场的主要交通方式，这种方式作用的发挥很大程度上取决于它与其他交通方式的良好衔接。

2.1.7 改善机场地面交通的方向

改善机场地面交通首先要确立发展综合交通体系的思想，确保交通方式的多样化，以满足不同层次乘客的需求。有条件的城市应加快轨道交通网络和乘客信息系统建设。在规划机场专线时，车站、航站楼等基础设施内部要注意细节的设计，为航空乘客提供便利，从而提高公共交通的吸引力。针对小汽车的迅猛发展，在机场范围内做好交通组织和停车场规划。

2.2 候机楼问询服务

候机楼问询提供诸如航班信息、机场交通、候机楼设施使用等一揽子问询服务。问询服务往往能直接解决旅客在旅行过程中遇到的诸多麻烦，或能为旅客解决问题指明方向，因而深受旅客欢迎，已经成为航空运输企业旅客服务系统中不可或缺的窗口。

2.2.1 问询服务的分类

问询服务根据服务提供方的不同可以分为航空公司问询、机场问询和联合问询，其中联合问询是航空公司与机场共同派出问询服务人员组成联合问询柜台，向旅客提供的最为全面的问询服务，如图 2.1 所示。

图 2.1 问询柜台

问询服务根据服务提供方式的不同可以分为现场问询和电话问询。现场问询是指在问询柜台当面向旅客提供问询服务；电话问询是通过电话方式向打来电话的客人提供各类问询服务，电话问询通常还可以分为人工电话问询和自动语音应答问询。人工电话问询主要用来解决旅客提出的一些比较复杂或非常见的问题；自动语音应答则由旅客根据自动语音提示进行操作，通常能较好地解决旅客所关心的常见问题。自动语音应答能大大地节省人力，提高服务效率。

根据服务柜台的设置位置不同，还可以将问询服务分为隔离区外的问询服务和隔离区内的问询服务。

2.2.2 问询服务的岗位职责和要求

1. 首问责任制

所谓“首问责任制”服务，即旅客求助的第一位工作人员有责任在第一时间确保准确答复或有效解决问题的前提下提供优质服务，否则必须将旅客指引到能提供有效服务的单位或岗位。

首问责任制最早来源于政府行政部门为解决长期以来存在的办事效率低下、推诿责任、相互扯皮等问题而制定与实施的一项制度。由于该制度适合许多服务性行业，故也为国内民航运输企业所广泛采用。

当旅客提出问询服务要求时，由第一位接到信息的工作人员负责接待，对询问事项办理或协助办理的人员或部门为第二责任人，是后续服务（相对于第一环节）的首问责任人。

2. 问询服务的岗位职责

1）掌握航班动态，耐心、细致地回答现场旅客问询。

2）负责做好电话问询工作。

3）负责提供各类温馨预约服务，并向旅客介绍航空公司和机场服务的内容及特色。

4）负责做好不正常航班的解释工作。

5）做好前台服务，负责接待各类旅客及相关人员。

6）完成上级领导安排的其他工作。

3. 问询服务的岗位要求

（1）一般要求

1）每日值机柜台开启前到岗；检查电脑、电话等设施设备是否处于正常状态；如有故障要及时报修或调用备用设备，确保问询工作顺利进行。

2）确保问询柜台始终有工作人员在岗，若有特殊情况需要离开，必须在柜台上放置“请稍等”指示牌。

3）根据旅客提出的要求及时给予帮助；遇到无法解决的特殊问题，应该及时汇报。

4）必须在国内或国际最后一个出发航班登机结束后，才可关闭柜台。

5）旅客在现场提出投诉时，应该耐心解释并记录相关情况，及时向上级反映；如有必要可向旅客提供企业投诉电话。

（2）岗位知识要求

精通民航基础知识；掌握国际航空运输概论和旅客行李运输、客票等相关业务知识；初步了解旅游地理基础知识；熟悉民航旅客心理学基础知识；熟悉本部门各个岗位工作程序，并且了解相关部门及联检单位的业务知识；熟悉《中国民用航空旅客、行李国内运输规划》和《中华人民共和国民用航空法》的内容及规定。

（3）业务处理要求

1）现场问询。遇旅客问询应主动站立，5 米之内与旅客目光交流，努力做到表情自然、和蔼亲切；主动向旅客问好，细致、耐心地回答旅客的问题，礼貌地向旅客道别；回答旅客问题时，应使用文明礼貌用语，做到语言简明清晰、语气温和、速度适中，忌用专业术语、服务禁语；回答旅客问题时，注意肢体语言（手不可放在口袋里或双手抱在胸前），避免出现有损企业形象的举止；必须双手交接旅客递交的票证和其他物品。

2）电话问询。接听电话时铃响不超过三声，做到口齿清晰、速度适中、用语规范；回答旅客问题时，应简明清晰、语气温和并使用文明礼貌用语，忌用专业术语、服务禁语；努力提高电话接通率，禁止利用问询电话拨打私人电话。

2.3 候机楼广播服务

公共广播系统是机场候机楼必备的重要公共宣传媒体设备，是机场管理部门播放航空公司航班信息、特别公告、紧急通知等语言信息的重要手段，也是旅客获取信息的主要途径之一和提高旅客服务质量的重要环节。

2.3.1 候机楼广播服务系统的功能与组成

候机楼广播系统由基本广播、自动广播、消防广播三部分组成。广播系统应采用当今先进的计算机矩阵切换器，对各种音源进行管理和分配，并限定它们的广播范围和广播权限，使所有的广播呼叫站都在设定的范围内工作，避免越权广播。

系统有自动语言合成功能，在航班信息或航班动态信息的控制下，按时间顺序和不同的广播分区进行广播，无需操作人员的干预而自动进行。同时，航班信息的广播可与航班信息的显示同步。

系统设有噪声控制处理器，设置地点应包括国际、国内值机办理大厅，迎客大厅，国际、国内隔离区候机厅，通过获取现场噪声信号自动调节音量和提高声调，增加语言的清晰度。

候机楼广播系统的功放设备应设有自检、备份功能，系统能自动检测功放故障，并自动将故障功放单元的负载切换至备用功放上，并显示报警，从而提高系统的可靠性，使广播不致中断。

广播分区划分应结合工艺流程，按照建筑物的自然隔断形成的不同功能区域来划分。

2.3.2 候机楼广播服务规范用语

为了提高候机楼广播服务的质量，中国民航于1995年制定和实施了民航机场候机楼广播服务用语规范（MH/T1001—95）。作为行业服务标准，该规范的推出统一了全国范围内候机楼广播服务标准用语，提高了广播服务质量，适应了广播自动化的发展趋势。

1．主题内容与适用范围

本标准对民航机场候机楼广播用语（以下简称广播用语）的一般规定、类型划分和主要广播用语的格式做出了规范。

本标准适用于民航机场候机楼广播室对旅客的广播服务。

2．广播用语的一般规定

1）广播用语必须准确、规范，采用统一的专业术语，语句通顺易懂，避免发生混淆。

2）广播用语的类型应根据机场有关业务要求来划分，依播音的目的和性质区分。一般应按本标准第 3 部分进行。

3）各类广播用语应准确表达主题，规范使用格式。一般应按本标准第 4 部分进行。

4）广播用语应以汉语和英语为主，同一内容应使用汉语普通话和英语对应播音。在需要其他外语语种播音的特殊情况下，主要内容可根据本标准第 3、第 4、第 5 部分广播用汉语部分进行编译。

3．广播用语的分类

广播用语的具体分类如表 2.1 所示。

表 2.1　候机楼广播用语分类

<table>
<tr><td rowspan="6">广播用语分类</td><td rowspan="6">1．航班信息类</td><td rowspan="3">（1）出港类</td><td>A．办理乘机手续类</td><td>a．开始办理乘机手续通知
b．推迟办理乘机手续通知
c．催促办理乘机手续通知
d．过站旅客办理乘机手续通知
e．候补旅客办理乘机手续通知</td></tr>
<tr><td>B．登机类</td><td>a．正常登机通知
b．催促登机通知
c．过站旅客登机通知</td></tr>
<tr><td>C．航班延误取消类</td><td>a．航班延误通知
b．所有始发航班延误通知
c．航班取消通知（出港类）
d．不正常航班服务通知</td></tr>
<tr><td rowspan="3">（2）进港类</td><td>A．正常航班预告</td><td></td></tr>
<tr><td>B．延误航班预告</td><td></td></tr>
<tr><td>C．航班取消通知（进港类）</td><td></td></tr>
</table>

续表

广播用语分类	1．航班信息类	（2）进港类	D．航班到达通知	
			E．备降航班到达通知	
	2．例行类	（1）须知		
		（2）通告等		
	3．临时类	（1）一般事件通知		
		（2）紧急事件通知		

4．航班信息类广播用语的格式规范

航班信息类播音是候机楼广播中最重要的部分，用语要求表达准确、逻辑严密、主题清晰。所用格式一般应按本部分要求执行。

（1）规范的格式形式

1）每种格式由不变要素和可变要素构成。其中，不变要素指格式中固定用法及其相互搭配的部分，它在每种格式中由固定文字组成。可变要素指格式中由动态情况确定的部分，它在每种格式中由不同符号和符号内的文字组成。

格式中的符号注释：

①：表示在 _____ 处填入航站名称；

②：表示在 _____ 处填入航班号；

③：表示在 _____ 处填入办理乘机手续柜台号、服务台或问询台号；

④：表示在 _____ 处填入登机口号；

⑤：表示在 _____ 处填入 24 小时制小时时刻；

⑥：表示在 _____ 处填入分钟时刻；

⑦：表示在 _____ 处填入播音次数；

⑧：表示在 _____ 处填入飞机机号；

⑨：表示在 _____ 处填入电话号码；

⑩：表示 [ ] 中的内容可以选用，或跳过不用；

⑪：表示需从〈 〉中的多个要素里选择一个，不同的要素用序号间隔。

2）每种具体的广播用语的形成方法。根据对应格式，选择或确定其可变要素（如航班号、登机口号、飞机机号、电话号码、时间、延误原因、航班性质等）与不变要素共同组成具体的广播用语。

（2）规范的格式内容

1）出港类广播用语包括三类：办理乘机手续类、登机类和航班延误取消类。

A．办理乘机手续类广播用语包括五种。

a．开始办理乘机手续通知：

前往___①的旅客请注意：
您乘坐的［补班］⑩___②次航班现开始办理乘机手续，请您到___③号柜台办理。
谢谢！
Ladies and Gentlemen,
May I have your attention, please?
We are now ready for check-in for［supplementary］⑩Flight___②to___①at counter No.___③.
Thank you.

b．推迟办理乘机手续通知：

乘坐［补班］⑩___②次航班前往___①的旅客请注意:
由于〈1．本站天气不够飞行标准；2．航路天气不够飞行标准；3．___①天气不够飞行标准；4．飞机调配原因；5．飞机机械原因；6．飞机在本站出现机械故障；7．飞机在①机场出现机械故障；8．航行管制原因；9．___①机场关闭；10．通信原因〉⑪本次航班不能按时办理乘机手续。［预计推迟到___⑤点___⑥分办理。］⑩请您在候机处休息，等候通知。
谢谢！
Ladies and Gentlemen,
May I have your attention, please?
Due to〈1.the poor weather condition at our airport; 2.the poor weather condition over the air route; 3.the poor weather condition over the____① airport; 4.aircraft reallocation; 5.the maintenance of the aircraft; 6.the aircraft maintenance at our airport; 7.the aircraft maintenance at the____①airport; 8.air traffic congestion; 9.the close-down of___①airport; 10.communication trouble〉⑪the［supplementary］⑩Flight___②to___①has been delayed. The check-in for this flight will be postponed［to___⑤: ___⑥］⑩.Please wait in the departure hall for further information.
Thank you.

c．催促办理乘机手续通知：

前往___①的旅客请注意：
您乘坐的［补班］⑩___②次航班将在___⑤点___⑥分截止办理乘机手续。乘坐本次航班没有办理手续的旅客，请马上到___③号柜台办理。
谢谢！
Ladies and Gentlemen,
May I have your attention, please?
Check-in for［supplementary］⑩Flight____②to____①will be closed at ____⑤: ___⑥.Passengers who have not been checked in for this Flight, please go to Counter No.___③immediately.
Thank you.

d．过站旅客办理乘机手续通知：

乘坐［补班］⑩___②次航班由___①经本站前往___①的旅客请注意：
请您持原登机牌到［___③号］⑩〈1.柜台；2.服务台；3.问询台〉⑪换取过站登机牌。
谢谢！
Passengers taking［supplementary］⑩Flight___②from___①to___①,Attention, please.
Please go to the〈1.counter; 2.service counter; 3.information desk〉⑪［No.___③］⑩to exchange your boarding passes for transit passes.
Thank you.

e．候补旅客办理乘机手续通知：

> 持［补班］⑩___②次航班候补票前往___①的旅客请注意：
> 请马上到___③号柜台办理乘机手续。
> 谢谢！
> Ladies and Gentlemen,
> May I have your attention,please?
> Standby passengers for ［supplementary］ ⑩Flight___②to___①,please go to Counter No.___③for check-in.
> Thank you.

B．登机类广播用语包括三种。

a．正常登机通知：

> ［由___①备降本站］⑩前往___①的旅客请注意：
> 您乘坐的［补班］⑩____②次航班现在开始登机。请带好您的随身物品，出示登机牌，由④号登机口上［___⑧号］⑩飞机。［祝您旅途愉快。］⑩
> 谢谢！
> Ladies and Gentlemen,
> May I have your attention, please?
> ［Supplementary］ ⑩Flight____② ［alternated from___①］ ⑩to____①is now boarding. Would you please have your belongings and boarding passes ready and board the aircraft ［No.____⑧］ ⑩through Gate No.___④ ［We wish you a pleasant journey.］ ⑩
> Thank you.

b．催促登机通知：

> ［由___①备降本站］⑩前往___①的旅客请注意：
> 您乘坐的［补班］⑩___②次航班很快就要起飞了，还没有登机的旅客请马上由___④号登机口上［___⑧号］⑩飞机。［这是［补班］⑩___②次航班〈1.第___⑦次；2.最后一次〉⑪登机广播。］⑩
> 谢谢！
> Ladies and Gentlemen,
> May I have your attention, please?
> ［Supplementary］ ⑩Flight___②to___① ［alternated from___①］ ⑩will take off soon. Please be quick to board the aircraft ［No.____⑧］ ⑩through Gate No.____④. ［This is the 〈1.____⑦； 2.final〉⑪call for boarding on ［supplementary］ ⑩Flight___②.］ ⑩
> Thank you.

c．过站旅客登机通知：

> 前往___①的旅客请注意：
> 您乘坐的［补班］⑩____②次航班现在开始登机，请过站旅客出示登机牌，由___④号登机口先上［___⑧号］⑩飞机。
> 谢谢！
> Ladies and Gentlemen,
> May I have your attention, please?
> ［Supplementary］ ⑩Flight____②to____①is now ready for boarding. Transit passengers please show your passes and board ［the aircraft No.___⑧］ ⑩first through Gate No.___④.
> Thank you.

C．航班延误取消类广播用语包括四种。

a．航班延误通知：

[由___①备降本站] ⑩前往___①的旅客请注意：
我们抱歉地通知，您乘坐的［补班］⑩____②次航班由于〈1．本站天气不够飞行标准；2．航路天气不够飞行标准；3．____①天气不够飞行标准；4．飞机调配原因；5．飞机机械原因；6．飞机在本站出现机械故障；7．飞机在____①机场出现机械故障；8．航行管制原因；9．____①机场关闭；10．通信原因〉⑪〈1．不能按时起飞；2．将继续延误；3．现在不能从本站起飞〉⑪起飞时间〈1．待定；2．推迟到____⑤点____⑥分〉⑪。在此我们深表歉意，请您在候机厅休息，等候通知。［如果您有什么要求，请与［____③号］⑩〈1．不正常航班服务台；2．服务台；3．问询台〉⑪工作人员联系。］⑩
谢谢！
Ladies and Gentlemen,
May I have your attention, please?
We regret to announce that [supplementary] ⑩Flight____② [alternated from______①to ① 〈1.cannot leave on schedule; 2.will be delayed to__⑤: __⑥; 3.will be further delayed [to__⑤: __⑥ ;] ⑩; 4.can not take off now〉⑪due to 〈1.the poor weather condition at our airport; 2.the poor weather condition over the air route; 3.the poor weather condition at ___①Airport; 4.aircraft reallocation; 5.the maintenance of the aircraft; 6.the aircraft maintenance at our airport; 7.the aircraft maintenance at the___①airport; 8.air traffic congestion; 9.the close-down of____①airport;10.communication trouble〉⑪Would you please remain in the waiting hall and wait for further information? [If you have any problems or questions, please contact with the 〈1.irregular flight service counter; 2.service counter ; 3.information desk〉⑪ [No. ③] ⑩] ⑩
Thank you.

b．所有始发航班延误通知：

各位旅客请注意：
我们抱歉地通知，由于〈1．本站天气原因；2．本站暂时关闭；3．通信原因〉⑪由本站始发的所有航班都〈1．不能按时；2．将延误到___⑤点___⑥分以后〉⑪起飞，在此我们深表歉意，请您在候机厅内休息，等候通知。
谢谢！
Ladies and Gentlemen,
May I have your attention, please?
We regret to announce that all outbound flights 〈1.cannot leave on schedule; 2.will be delayed to___⑤: ___⑥〉⑪Would you please remain in the waiting hall and wait for further information?
Thank you.

c．航班取消通知（出港类）：

[由___①备降本站] ⑩前往___①的旅客请注意：
我们抱歉地通知，您乘坐的［补班］⑩____②次航班由于〈1．本站天气不够飞行标准；2．航路天气不够飞行标准；3．____①天气不够飞行标准；4．飞机调配原因；5．飞机机械原因；6．飞机在本站出现机械故障；7．飞机在____①机场出现机械故障；8．航行管制原因；9．___①机场关闭；10．通信原因〉⑪决定取消今日飞行，〈1.明日补班时间；2.为您改乘〈1.今日2.明日〉⑪，［补班］⑩___②次航班，起飞时间〉⑪〈1.待定；2.为___⑤点___⑥___分〉⑪。在此我们深表歉意。［请您与［___③号］⑩〈1.不正常航班服务台；2.服务台；3.问询台〉⑪工作人员联系，［或拨打联系电话____⑨，］⑩我们将为您妥善安排。］⑩
谢谢！

Ladies and Gentlemen,
May I have your attention, please?
We regret to announce that [supplementary] ⑩Flight______② [alternated from____①] ⑩to ①has been canceled due to〈1.the poor weather condition at our airport; 2.the poor weather condition over the air route; 3.the poor weather condition at the____① Airport; 4.aircraft reallocation; 5.the maintenance of the aircraft; 6.the aircraft maintenance at our airport; 7.the aircraft maintenance at the ① Airport; 8.air traffic congestion; 9.the closedown of____①airport; 10.communication trouble〉⑪.〈1. This flight has been rescheduled; 2.You will take〈1.today's; 2.tomorrow's ⑪. [supplementary] ⑩Flight ②〉⑪ [to tomorrow] ⑩ [at___⑤; ___⑩]. [Would you please contact with〈1.irregular flight service counter; 2.service counter ; 3.information desk〉⑪ [No.___③] ⑩. [or call___⑨.] ⑩We will make all necessary arrangements.] ⑩
Thank you.

d．不正常航班服务通知：

[由___①备降本站] ⑩乘坐 [补班] ⑩___②次航班前往___①的旅客请注意:
请您到〈1．服务台； 2．餐厅〉⑪凭〈1．登机牌； 2．飞机票〉⑪领取〈1．餐券； 2.餐盒； 3．饮料、点心〉⑪。
谢谢!
Passengers for [supplementary] ⑩Flight___② [alternated from①] ⑩to___①,
Attention, please.
Please go to〈1.service counter; 2.restaurant〉⑪ to get〈1.a meal coupon; 2.a meal box; 3.the refreshments〉⑪ and show your〈1.boarding passes; 2.air tickets〉⑪ for identification.
Thank you.

2）进港类广播用语包括五种：正常航班预告、延误航班预告、航班取消通知、航班到达通知、备降航班准备通知。

A．正常航班预告。

迎接旅客的各位请注意:
由__① [、__①] 飞来本站的 [补班] ⑩__②次航班将于__⑤点__⑥分到达。
谢谢!
Ladies and Gentlemen,
May I have your attention, please?
[Supplementary] ⑩Flight__②from__① [、__①] ⑩will arrive here at ⑤: __⑥.
Thank you.

B．延误航班预告。

迎接旅客的各位请注意:
我们抱歉地通知，由__① [、__①] 飞来本站的 [补班] ⑩__②次航班由于〈1.本站天气不够飞行标准； 2.航路天气不够飞行标准； 3．___①天气不够飞行标准； 4.飞机调配原因； 5.飞机机械原因； 6.飞机在___①机场出现机械故障； 7.航行管制原因； 8．___①机场关闭； 9.通信原因〉11.〈1.预计到达本站的时间为__⑤点__⑥分； 2.到达本站的时间待定〉11。
谢谢!

Ladies and Gentlemen,
May I have your attention, please?
We regret to announce that [Supplementary] ⑩Flight___②from___① [、___①] ⑩〈1.cannot arrive on schedule; 2.will be delayed to___⑤: ___⑥; 3.will be further delayed [to___⑤: ___⑥] ⑩〉 11.due to 〈1.the poor weather condition at our airport; 2.the poor weather condition over the air route; 3.the poor weather condition at___①Airport; 4.aircraft reallocation; 5.the maintenance of the aircraft; 6.the aircraft maintenance at the___①Airport; 7.air traffic congestion; 8.the close-down of___①airport; 9.communication trouble〉 11.
Thank you.

C．航班取消通知（进港类）。

迎接旅客的各位请注意：
我们抱歉地通知，由___①［、___①］⑩飞来本站的［补班］⑩___②次航班由于〈1.本站天气不够飞行标准； 2.航路天气不够飞行标准； 3．___①天气不够飞行标准； 4.飞机调配原因； 5.飞机机械原因； 6.飞机在___①机场出现机械故障； 7.航行管制原因； 8．___①机场关闭； 9.通信原因〉⑪.已经取消。［〈1.明天预计到达本站的时间为___⑤点___⑥分； 2.明天到达本站的时间待定〉⑪］。⑩
谢谢！
Ladies and Gentlemen,
May I have your attention, please?
We regret to announce that [Supplementary] ⑩Flight___②from___① [、___①] ⑩〈1.cannot arrive on schedule; 2.the poor weather condition over the air route; 3.the poor weather condition at_____①Airport; 4.aircraft reallocation; 5.the maintenance of the aircraft; 6.the aircraft maintenance at the_____①Airport; 7.air traffic congestion ; 8.the closedown of ①Airport; 9.air traffic congestion; 10.the closedown of____①Airport; 11.communication trouble〉⑪. [This flight has been rescheduled to 〈1.tomorrow at___⑤: ___⑥; 2.arrive〉⑪.] ⑩
Thank you.

D．航班到达通知。

迎接旅客的各位请注意：
由___①［、___①］⑩飞来本站的［补班］⑩___②次航班已经到达。
谢谢！
Ladies and Gentlemen,
May I have your attention, please?
[supplementary] ⑩Flight___②from___① [,___①] ⑩is now landing.
Thank you.

E．备降航班到达通知。

由___①备降本站前往___①的旅客请注意：
欢迎您来到____①机场。您乘坐的［补班］⑩____②次航班由于〈1．____①天气不够飞行标准； 2．航路天气不够飞行标准； 3．飞机机械原因； 4．航行管制原因； 5．____①机场关闭〉⑪.不能按时飞往____①机场，为了您的安全，飞机备降本站。［请您在候机厅内休息，等候通知。如果您有什么要求，请与［____③号］⑩〈1.不正常航班服务台； 2.服务台； 3.问询台〉⑪工作人员联系。］⑩
谢谢！

Passengers taking [supplementary] ⑩Flight__⑧from__①to__①,
Attention please.
Welcome to__①Airport. Due to 〈1.the poor weather condition at__①Airport; 2.the poor weather condition over the air route; 3.the maintenance of the aircraft; 4.air traffic congestion; 5.the closedown of__①Airport〉⑪, your flight has been diverted in our airport for your security. Would you please remain in the waiting hall and wait for further information? If you have any problems or questions, please contact with the 〈1.irregular flight service counter; 2.service counter; 3.information desk〉⑪ [No. ③] ⑩] ⑩.
Thank you.

5. 例行类、临时类广播用语的说明

各机场根据具体情况组织例行类广播，并保持与民航总局等有关部门的规定一致。

各机场根据实际情况安排临时类广播。当采用临时广播来完成航班信息类播音中未能包含的特殊航班信息通知时，其用语应与相近内容的格式一致。

2.4 民航公共信息标志服务

为方便旅客出行，应该在民航机场候机楼、候机楼外广场、民航售票处、货运场所，以及上述场所与其他交通设施之间的转换区域设置公共信息标志。

2.4.1 公共信息图形标志的设置原则与要求

1. 设置原则

在设计机场设施的功能和布局时就应考虑创建一个图形标志系统。在图形标志系统中应明确人们需要了解的起点和终点，以及通向特定目标的最短或最方便的路线（如对于残疾人）；在该系统中还应明确所有关键性的点（如连接、交叉等），在这些点上需要设置进一步的导向信息。当距离很长或布局复杂时，即使没有关键的点，导向信息也应以适当的间隔被重复。

应注意在两个或更多场所之间的转换区域设置标志，以保证从一个场所到另一个场所的顺利转换。

设置图形标志时，应对视觉效果、人的高度及其所处的位置、安装标志的可行性等进

行综合分析，并应在现场验证分析结果，如果需要，应对图形标志进行调整使其适合实际情况。

应特别重视导向标志的设置，设置导向标志往往比设置位置标志更重要。

在保证提供良好的导向信息的前提下，应使设置的标志数量保持最低限度。

应尽可能消除来自周围环境的消极干扰。广告应与图形标志系统各要素具有明显不同的视觉效果，并且设置在某个严格限定的区域。

2. 导向系统的要素

（1）标志说明图

列出某场所使用的全部图形标志，并在其旁边给出中英文含义的一种综合标志图。

（2）平面布置图

提供某区域中的服务或服务设施所处地点的鸟瞰图。

（3）导流图

指导人们顺利乘机的流程图。

（4）综合导向标志

引导人们选择不同方向的服务或服务设施的导向标志，由多个符号与多个箭头组成。

（5）导向标志

一个或多个图形符号与一个箭头结合所构成的标志，用以引导人们选择方向。

（6）位置标志

设置在特定目标处，用以标明服务或服务设施的标志。该标志不带箭头。

（7）指示标志

指示某种行为的标志。民航标志中的指示标志如下：旅客止步、禁止吸烟、禁止携带托运武器及仿真武器、禁止携带托运易燃及易爆物品、禁止携带托运剧毒物品及有害液体、禁止携带托运放射性及磁性物品等。

（8）流程标志

表示乘机过程中需要经过的服务或服务设施的标志。民航标志中的流程标志如下：出发、到达、问讯、售票、行李手推车、办理乘机手续、托运行李检查、安全检查、行李提取、行李查询、边防检查、卫生检疫、动植物检疫、海关、红色通道、绿色通道、候机厅、头等舱候机室、贵宾候机室、中转联程、登机口。

(9) 非流程标志

表示乘机时不一定经过的服务或服务设施的标志。民航标志中的非流程标志如下：

洗手间、男性、女性、育婴室、商店、电报、结账、宾馆服务、租车服务、地铁、停车场、直升机场、飞机场。

急救、安全保卫、饮用水、邮政、电话、货币兑换、失物招领、行李寄存、西餐、中餐、快餐、酒吧、咖啡、花卉、书报、舞厅。

入口、出口、楼梯、上楼楼梯、下楼楼梯、向上自动扶梯、向下自动扶梯、水平步道、电梯、残疾人电梯、残疾人。

3. 颜色

候机楼内可用不同的颜色区分出“流程标志”与“飞流程标志”。应首选黑白色标志：流程标志可使用“白衬底、黑图形”；非流程标志可使用“黑衬底、白图形”。如使用彩色标志，流程标志可使用“绿衬底、白图形”，非流程标志可使用“蓝衬底、白图形”。黑白色标志与彩色标志亦可混合使用。对于禁止类标志，颜色只能为“白衬底、黑图形、红色斜杠或边框”。

4. 文字的使用

应尽可能只使用图形符号而不附加任何文字。如必须使用文字，则应使用标准的简化字。文字应简短明了（例如，在箭头加文字的导向标志中使用文字“登机口 1”而不使用“至 1 号登机口”）；在一个候机楼内，应尽可能使用统一的文字表达方式。

仅在没有合适的符号表达所要传递的概念时，使用不带符号的文字作为位置标志或与箭头结合作为导向标志。这种情况下，需要给出补充信息（如区分“国际到达”与“国内到达”时应使用补充文字），并可加入对应的英文（如图 2.2 所示），但英文字体应小于中文字体。

图 2.2　文字补充信息标志

2.4.2　常见民航公共信息标志用图形符号

常见民航公共信息标志用图形符号如表 2.2 所示。

表 2.2 常见民航公共信息标志用图形符号

图形符号	名 称	说 明
	结账 Settle Accounts	表示用现金或支票进行结算的场所，如售票处、超重行李付款处及宾馆、饭店的前台结账处，商场等场所的付款处等； 用于公共场所、建筑物、服务设施、方向指示牌、平面布置图、出版物等
	问讯 Information	表示提供问讯服务的场所； 用于公共场所、建筑物、服务设施、方向指示牌、平面布置图、信息板、运输工具、出版物等
	售票 Ticketing	表示出售飞机票、候补机票、汽车票的场所
	办理乘机手续 Check-in	表示旅客办理登机卡和交运手提行李等乘机手续的场所
	出发 Departures	表示旅客离港及送客的地点； 设置时可根据具体情况将符号改为其镜像
	到达 Arrivals	表示旅客到达及接客的地点； 设置时可根据具体情况将符号改为其镜像
	中转联程 Connecting Flights	表示持联程客票的旅客办理中转手续及候机场所［idt ICAO Doc.9430-C/1080（23）］
	托运行李检查 Baggage Check	表示对登记旅客交运的行李进行检查的场所
	安全检查 Security Check	表示对乘机旅客进行安全检查的通道
	行李提取 Baggage Claim	表示到达旅客提取交运行李的场所

续表

图形符号	名　称	说　明
	行李查询 Baggage Inquiries	表示机场、宾馆帮助旅客查找行李的场所（不代表失物招领）
	卫生检疫 Quarantine	表示由口岸卫生检疫机关对出入境人员、交通工具、货物、行李、邮包和食品实施检疫查验、传染病监测、卫生监督、卫生检验的场所
	边防检验 （护照检查） Immigration	表示对涉外旅客进行边防护照检查的场所
	动植物检疫 Animal and Plant Quarantine	表示由口岸动植物检疫机关对输入、输出和过境动植物及其产品和其他检疫物实施检疫的场所
	海关 Customs	表示进行海关检查的场所
	红色通道 Red Channel （有申报物品， Goods to Declare）	表示对通过海关的旅客所携带的全部行李进行检查的通道
	绿色通道 Green Channel （无申报物品， Nothing to Declare）	表示对通过海关的旅客所携带的部分行李进行检查的通道
	候机厅 Waiting Hall	表示供人们休息、等候的场所，如车站的候车室、机场的候机厅、医院的候诊室等；用于公共场所、建筑物、服务设施、方向指示牌、平面布置图、出版物等
	头等舱候机室 First Class Lounge	表示持头等舱客票的旅客候机的场所
VIP	贵宾候机室 VIP Lounge	表示贵宾或重要旅客候机的场所

续表

图形符号	名　称	说　明
	登机口 Gate	表示登机的通道口，根据具体需要变换数字
	行李手推车 Baggage Cart	表示供旅客使用的行李手推车的存放地点；用于公共场所、建筑物、服务设施、方向指示牌、平面布置图、信息板、出版物等
	育婴室 Nursery	表示带婴儿旅客等候的专用场所
	商店 Shopping Area	表示出售各种商品的商店或小卖部

2.5　候机楼商业零售服务

随着世界经济的发展、人民生活水平的提高，机场禁区内外的商业零售已成为机场非航空业务收入的重要经济来源和增长点。候机楼零售业在整个非航空主营业务中占据重要地位，它是机场非航空主营业务收入的主要来源。

2.5.1　国外候机楼零售业的发展现状和特点

1. 国外候机楼零售业发展现状

欧洲机场商业零售业在世界机场中做得最为成功。商业零售是欧洲机场利润最主要的来源，在机场发展中占据十分特殊的战略地位。从欧洲机场的现实情况看，绝大多数机场在航空性收入方面保持着盈亏平衡，有些机场甚至是亏损的。在这种环境下，机场要想获得生存发展，就必须想方设法增加非航空性收入。例如，希思罗机场商业零售已经占了整个机场收入的57%。欧洲各大机场商业零售收入在整个机场收入中占比基本都在50%以上。

欧洲机场商业零售项目主要包括购物、餐饮、休闲服务等，如品牌商店、免税店、餐馆、酒吧、广告及邮电、银行、电信、药店、旅行社等。其中，购物是欧洲机场商业零售的大头，各类品牌店和免税店在欧洲机场内随处可见，占整个机场商业零售面积比例最大。比如法兰克福机场内各类品牌就有 103 家，免税店有 15 家之多。从商业零售销售收入结构上看，基本的排序是：主要是购物，其次是服务、广告、餐饮等。

各机场商业营运情况如表 2.3 所示。商业资源开发效果最好的当属欧洲机场，特别是由 BAA 经营的机场；其次是亚洲，平均水平较高；北美的各家机场商业设施成熟度参差不齐。但目前，北美各家机场已经普遍意识到这一问题的重要性，纷纷自行投资或引入开发商。

表 2.3　世界各机场商业设施收益情况

机场名称	单位旅客销售额/美元	当年旅客吞吐量/万人次	世界排名（根据客运量）
匹兹堡	33.76	2000.0	—
汉城仁川	25.70	1844.0	—
伦敦希思罗	21.28	6074.3	4
丹佛国际机场	20.20	3609.2	10
伦敦盖特威克	18.06	—	—
马尼拉	17.99	—	—
迪拜	17.87	—	—
东京成田	15.83	2537.9	30
巴黎戴高乐	15.26	4799.6	8
阿姆斯特丹	14.77	3953.1	9
新加坡樟宜	12.79	2809.4	25
悉尼	12.04	—	—
奥兰多	10.51	2825.3	24
哥本哈根	9.19	—	—
洛杉矶	9.00	6160.6	3
吉隆坡	8.67	—	—
纽约肯尼迪	7.48	2934.9	23
西雅图国际	7.15	2703.6	27
中国香港	6.45	3245.6	17
迈阿密	5.62	3166.8	—
芝加哥国际	4.37	6744.8	2
休斯敦国际	3.89	3480.3	13
多伦多	4.32	2804.2	26

2．国外候机楼零售业的发展特点

国外发展完善的机场候机楼零售业普遍具有以下几方面的特点。

（1）始终确立以消费者的需求为中心的原则

在国际上，机场零售业务的开展为枢纽建设、竞争中转和吸引过境旅客起到一定的作用。例如，史基浦机场一直坚定不移地执行机场城市的战略方向，致力于不断发展机场城市的概念。在这里，人们可以完成各种社会活动，如消费、沟通、交流、休闲、娱乐、会议等，机场购物已经成为旅客航空旅行的一个重要组成部分。

（2）机场商业设施布局的侧重点逐步向安检内区域集中

戴高乐机场的各类商店明显分为两个区域——公众区和保留区。保留区即为安检内区域，需凭机票或者登机牌购买商品。机场内免税商店的商品价格与巴黎市区的价格相比没有任何区别。机场内的 220 家商店，有 164 家设在保留区域。

（3）运用“6P + 2C”的营销组合加强日常候机楼零售业的经营管理

“6P + 2C”营销组合如表 2.4 所示。

表 2.4　“6P + 2C”营销组合

营销方式	特　征
产品品种（Product range）	保证商品品种多样性和综合性，保证商品高品质
价格保证（Price guarantees）	让顾客觉得机场不会在价格和计价单位以及外汇换算上玩任何花样欺骗他们
购物场地（Place）	让旅客经历舒适性、方便性和创造性的体验，定期更新改造
积极促销（Promotion）	有奖销售，推出新产品
人员素质（People）	保证高质量服务，对人员定期培训，实施激励计划，开展高质量服务活动，服务质量监督检查，加强绩效考核，综合反馈管理
扬已所长（Particular）	要充分发挥和巩固自己的与众不同之处，如无理由退货等，并积极创新
引入竞争（Competition）	不让候机楼里的任何零售商可以独家垄断经营
加强沟通（Communication）	以公共的方式与顾客进行沟通交流是非常有效的，如英国机场在很多地方及网站上张贴海报、派发传单等

（4）为旅客提供一流机场购物体验，提升机场的品牌形象

新加坡樟宜机场是世界大型机场之一，也是世界上最繁忙的国际机场之一。樟宜机场在世界民航业内以卓越的经营管理和优质的服务著称，多次获得世界最佳机场的荣誉。环球免税集团（简称 DFS）1978 年开始与新加坡机场合作，努力为旅客提供一流服务，给旅客带来良好的机场购物体验，提升了机场的品牌形象。

2.5.2　当前我国候机楼零售业存在的问题

我国机场零售业存在的问题，具体可概括为以下六个方面。

1）我国大型机场的商业区域往往采取集中式布局，旅客在经过长时间排队后匆匆赶往登机口，如果商业设施距离较远则一般不愿返回。

2）由于场地的限制和彼此的竞争，我国大型机场的商品供应情况是某种商品在旅客面前只出现一次，而对于那些乐于“货比三家”、“走走看看”的顾客则“走过了也就错过了”。而吉隆坡、曼谷等机场同一品牌或同类商品在候机楼内则多处分布。

3）由于场地设施有限和惯性思维，我国内地大型机场零售业中提供的商品品种基本局限于几个大类，旅客选择机会非常有限。而在香港等机场，电子产品和音像制品等诸多商品均有丰富的供应。

4）候机楼商品价格给旅客的印象普遍偏高，高于市价。而中国香港和新加坡机场免税商品与市价相同，部分餐饮还低于市价，对旅客的购物心理起到微妙的暗示作用。

5）免税店等各类商业资源缺乏对外宣传。国外如樟宜机场，就对外宣称要做“亚洲最好的机场免税店”，并选出部分世界名品，承诺亚洲最低价。

6）我国大型机场目前的实际旅客承运量基本均已远超设计值，候机楼内本已繁忙拥挤，但当旅客步入候机楼时，视觉上最清晰的却往往不是详尽的指引标志，而是一张张巨幅广告，容易让人产生烦躁情绪，从而降低了旅客在楼内闲散游逛的兴致。而世界著名的成熟枢纽在旅客进出的各处均设置明显标志，采用不同的颜色帮助旅客区分不同的功能空间和流程，并且标志周围空间内没有其他广告的视觉干扰。

小结与练习

本章小结

本章主要学习了机场所提供的公共服务，包括机场交通服务、问询服务、候机楼广播服务、机场公共信息标志等，旨在让从事民航机场服务的人员掌握最基本的服务技能。

思考与练习

1. 机场问询服务应遵守什么原则？为什么？
2. 候机楼广播应注意哪些事项？
3. 我国机场零售业的发展有什么特点？

第3章 机场提供的客运服务

知识目标

1. 了解订座服务的内容
2. 掌握值机服务的内容
3. 掌握行李运输的内容和程序
4. 掌握安检的相关规定

能力目标

1. 能够快速为旅客办理相关客运服务
2. 能够处理客运服务中各种突发情况

机场客运服务是机场地勤服务的重要环节，它由订座服务、值机服务、行李运输服务、安检服务、航班运行服务五个部分组成。

3.1 订座服务

3.1.1 订座系统概述

中国民航信息网络股份有限公司（简称中国航信）目前已建成以中国民航商务数据网络为依托，订座系统（包括代理人分销系统 CRS 和航空公司系统 ICS）、离港系统、货运系统三个大型主机系统为支柱的发展格局。主机系统已发展成为中国最大的主机系统集群，担负着中国民航（包括国内所有航空公司）重要的信息处理业务。

1. 开展代理人分销业务的目的

开展代理人分销业务的目的如下：

1）为航空代理商提供全球航空航班的分销功能。

2）为代理商提供非航空旅游产品的分销功能。

3）为代理商提供准确的销售数据与相关辅助决策分析。

4）自 1995 年独立运行以来，到目前为止，代理人分销系统业务遍布中国境内 296 个通航城市、58 个境外城市，拥有代理商 5300 多个、终端 2 万余台、合格上岗从业人员约 5 万人。

5）目前该系统可以协议分销中国民航所有航空公司、非中国民航 373 家航空公司的航线航班（其中 13 家直接联结，360 家间接联结）。

6）在非航空旅游产品的分销方面，目前有 297 个酒店、1 个租车公司、2 个大型旅行社可以通过该系统进行分销。

7）在订座系统处理的所有旅客中，约 75% 左右是通过该分销系统销售实现的，另外 25% 左右则是通过航空公司系统实现的。

2. 代理人分销系统提供的服务

代理人分销系统提供的主要服务有：

1）中国民航航班座位分销服务。

2）国外民航航班座位分销服务。

3）BSP 自动出票系统服务。

4）运价系统服务。

5）常旅客系统服务。

6）机上座位预订服务。

7）各类等级的外航航班分销服务。

8）旅馆订房等非航空旅游产品分销服务。

9）旅游信息查询（TIM）系统服务。

10）订座数据统计与辅助决策分析服务。

通过未来对代理人分销系统的建设，中国航信的代理人分销系统将发展成为服务于整个航空及旅游业的一个通用系统。除了原有的航空运输业外，旅馆、租车、旅游公司、铁路公司、游轮公司等的产品分销功能也将纳入代理人分销系统中来，使中国航信的代理人分销系统能够提供一套完整的旅游服务。经过技术与商务的不断发展，中国航信的代理人分销系统将能够为旅行者提供及时、准确、全面的信息服务，满足消费者旅行中包括交通、住宿、娱乐、支付及其他后续服务的全面需求。

3.1.2 旅客订座记录

旅客订座记录 PNR（Passenger Name Record）包含一组有关旅客各种信息的记录，它是通过计算机信息管理中心提供的旅客订座服务系统的有关指令来完成的。它反映了旅客的航程、航班座位占用的数量及旅客信息。旅客订座记录是电脑订座人员必须掌握的内容，PNR 在订座系统中最重要的作用是订座，此外还可以打票、建立常客信息、订旅馆等。

完整的 PNR 包括以下 13 项内容。

1. 姓名组——NM（Name）

姓名组由姓名及座位数组成。在姓氏前必须带有该姓氏的座位总数，在姓氏与名字之间要用斜线隔开。姓名组除姓氏外可包含名的缩写、名、称谓及特殊情况代号（特殊情况如残疾、儿童等），一个 PNR 最多可输入 511 个旅客姓名。

指令格式：>NM: 该姓名的订座总数　旅客姓名（特殊旅客代码）

如果一个 PNR 的旅客人数等于或多于 10 人时，必须输入团体名称。当 PNR 的旅客人数少于 10 人时，如果需要，也可以按团体处理。团体名称可以在建立或修改 PNR 时输入。团体名称组的输入包括团体人数和团体名称。团体旅客人数最多是 511 人。团体名称只能使用字母和斜线。含有团体名称的 PNR 存入系统后，可以用团体名称或该团体中的任何一个旅客姓名提取这个 PNR。

2. 航段组

航段组为旅客的航程建立提供有关信息，如航班情况、飞行日期、订座情况等。航段组按其提供信息的性质分为 4 种情况，分别是：可采取行动的航段组、提供到达情况航段组、到达情况不明航段组、不定期航段组。

（1）可采取行动的航段组（Actionable）

需要指出的是，对于可采取行动的航段组，通常有两种方法可以申请航班座位：直接建立航段组（SS）和间接建立航段组（SD）。

直接建立航段组是在营业员知道待订航班的所有信息（如航班号、日期、舱位、座位数及起飞时间）的情况下建立起来的；间接建立则需要先将航班信息提取出来，再根据旅客的要求选择适当的班次。

1）直接建立航段组。指令格式：

> SS：航班号 / 舱位 / 日期 / 航段 / 行动代码 / 订座数 / 起飞时间　到达时间

2）间接建立航段组，即利用航班时刻表、指定日期班机时刻表或航班座位可利用情况建立航段组。指令格式：

> SD：航线序号 / 舱位等级 / 行动代号　订座数　到达情况标识

（2）信息航段组（Information）或达到情况不明航段组（ARNK）——SA

SA 指令可以建立信息航段，这样的航段不占用座位，只是作为信息通知营业员，为旅客预留联程航班的座位；或者为了保证 PNR 中航段的连续性，便于打票，而建立此航段。指令格式：

> SA：日期 / 城市对

（3）不定期航段的建立——SN

不定期航段（OPEN）组是为方便旅客行程，事先为旅客以不定期航段出票，旅客可以依据各自情况签转航班。作为不定期航段，必须确认的内容是航段和舱位，其他内容可以设置为不确定信息，如航空公司、旅行日期。指令格式：

> SN：航空公司代码 / 舱位 / 城市对

3．联系方式组——CT（Contact）

联系组的功能是记录各种联系信息，方便查询代理人及旅客信息。PNR 中的联系组分为以下两个部分。

（1）代理人联系信息

代理人联系信息是营业员在订座时，计算机系统自动生成的，包括代理人所在城市、名称、电话及负责人。该信息便于航空公司与代理人之间的联系。因此若代理人联系组的信息有所改变，应及时与中国航信相应部门联系，及时更改，以保证系统信息的准确性。

（2）旅客联系信息

旅客联系信息由营业员手工输入，记录旅客的联系电话，便于代理人与旅客联系。

指令格式：> CT：城市代码 / 自由格式文本 / 旅客标志

4．出票情况组——TK（Ticket Status）

出票情况组注明旅客的出票情况，已出票的将注明机票号码等信息，而未出票的则注明具体出票时间限定及安排。出票情况有以下几种类型：

T——已出票　　TL——出票时限　　TT——电传出票

AT——机场出票　　WC——旅客自己取票　　MT——邮寄客票

每一位旅客必须也只能带有一种出票情况代号，文件内用旅客序号标志注明与出票情况相对应的旅客，若没有旅客序号标志，则出票情况适用于PNR中全部旅客。

5. 票价组——FN（Fare Notes）

票价组可以提供所要求的票价情况，也可以提供旅客所需的各种类型的票价。

6. 票价计算组——FC

票价计算组用于输入票价计算过程，记入PNR中并打印在客票的票价计算栏中。

7. 付款方式组——FP

FP指令可以经付款方式记录在PNR中，并将其内容打印在客票的付款方式栏内。

8. 辅助服务项目组——AUX（Auxiliary Service）

辅助服务项目组包括以下5种类型：

出租飞机服务——ATX

出租车服务——CAR

旅客租房服务——HTL

地面运输服务——SUR

旅游服务——TUR

辅助服务内容的多少有所不同，在输入有关的内容经封口后，相应信息通过系统内部自动生成的电报，输送到有关部门的QUEUE信箱中，以便联系或采取行动。

9. 特殊服务组——SSR（Special Service Requirment）

特殊服务组包括任何需要马上采取行动和回答的各类服务情况。特殊服务的内容及长短不予限制。每项特殊服务组的建立和修改在封口后，相应信息通过系统内部自动生成的电报，输送到有关部门的QUEUE中，以便联系或采取行动。

10. 备注组——RMK（Remark）

备注组可以记录某些有助于了解旅客情况的信息。

11．责任组——RP（Responsibility）

责任组是指负责 PNR 的部门名称。当新的 PNR 建立时，系统会自动给出责任组。责任组包括终端所在的部门名称。PNR 的现行部分只能有一个责任组，其他责任项存入 PNR 的历史记录中。

除上述 11 项内容外，还包括团体情况组——GN（Group Name）和其他服务信息组——OSI（Other Service Information）。

上述 13 个项目中，姓名组、航段组、联系方式组、出票情况组和责任组由于记录了最必要的信息，是建立 PNR 必须包括的项目。关于 PNR 的具体指令，可参阅相关手册。

3.2 值机服务

3.2.1 值机准备工作

1．始发站的值机准备工作

（1）航班飞行前一天的准备

1）机型 / 机号、计划起飞时间、预报人数。

2）核对航班计划。

3）准备登机牌（手工办理航班要写上航班号、座位号、区分登机牌颜色）、行李牌、特殊标志牌等。

（2）航班飞行当天的准备

1）了解航班动态情况：天气或其他飞机不能正点起飞的原因。

2）核对旅客人数有无增减。

3）检查登机牌座位布局与机型座位布局是否相符、登机牌的种类与数量（手工办理）。

4）掌握 VIP 的信息及登机要求、座位预留情况等。

5）根据座位占用电报（SOM）了解联程信息。

6）检查设备：对讲机、磅秤、计算机等。

7）了解是否有重要旅客、特殊服务旅客。

2．中途站的值机准备工作

1）查阅从后方站发来的载重报，明确过站旅客人数及可利用业载。

2）查阅从后方站发来的座位占用情况电报（SOM）。

3）为经停旅客准备过站旅客登机牌（手工办理手写座位号、航班号、区分登机牌颜色）。

4）做好特殊旅客服务准备工作。

5）准确掌握过站航班的到达时间及停机位。

3.2.2 查验客票及有效身份证件

1．旅客乘机证件查验

1）办理乘机手续应查验客票上的旅客姓名是否与本人及其有效身份证件一致。

2）旅客有效身份证件是指政府主管部门规定的证明其身份的证件。包括居民身份证、有效护照（国际航班）、军官证、警官证、士兵证、文职干部或者离退休干部证明以及16岁以下未成年人的学生证、户口簿等。

2．客票查验

客票查验注意事项有如下方面。

1）每一客票只限一名旅客使用，否则拒绝接收该客票。

2）客票出票承运人与本公司有业务结算关系，否则拒绝接收。

3）旅客如持国际客票，必须是含有国际运输航段的联程客票。如系在我国境外购买的用国际客票填开的纯国内航空运输客票，应换开成我国国内客票后才能接收。没有结算关系的，拒绝接收。

4）手工客票须经出票人盖章，否则客票无效，不予接收。

5）客票必须包括所有未使用的乘机联和旅客联。残缺客票，缺少上述任何一联的客票，拒绝接收。

6）客票的乘机联必须按照客票所列明的航程从始发站开始顺序使用。

7）在承运人允许更改的范围内，未经出票人盖章而更改的客票，视为无效客票。

8）客票如属旅客非法获得或伪造或已挂失或被盗的，应扣留其客票，必要时交由保卫部门处理。

9）客票应在有效期内使用。

10）客票上“旅客姓名”栏内列明的人应与乘机人及其有效身份证件一致。

11）客票承运人、航班、日期如有更改，应由承运人或其销售代理人更改（包括签转）规定，否则拒绝接收。

12）客票的起讫地点、承运人、航班、日期应与旅客所乘航班一致。

13）客票的舱位等级无误。

14）客票的订座状况应为 OK。

3.2.3 座位安排

座位安排的原则及基本要求包括以下方面。

1）在飞机上实行旅客对号入座的办法。

2）在符合飞机载重平衡要求的前提下，尽量按旅客提出的要求安排座位。

3）重要旅客安排在预留的最前排的座位，或按旅客要求安排。

4）需要特殊服务的旅客安排在靠近客舱乘务员的座位就坐，或按旅客的要求安排座位（但不是在窗口或应急出口处）。

5）如经济舱座位超售或换机型，在头等舱或公务舱有空余座位的情况下，经本公司值班主任或营业部 / 办事处同意，可按逐级提高等级的原则安排旅客分别在公务舱或头等舱内就坐，应从后向前集中安排。

6）团体旅客，同一家庭成员或需要互相照顾的旅客，如病人及其陪伴人员等，应尽量安排在一起。

7）不同政治态度或不同宗教信仰的旅客，不要安排在一起。

8）病、残、老、幼和孕妇旅客，不足 16 岁的未成年旅客，行动不便，缺乏良好中文表达能力、听觉和视觉能力、信息传达能力和照顾婴儿的旅客均不能安排在应急出口处和影响应急出口旅客疏散的就近的座位就坐，尽可能安排在方便提供服务的座位。特殊旅客座位的安排，必须执行特殊旅客座位安排的有关规定。

9）国际航班在国内航段载运旅客时，国际、国内旅客分别集中安排。

10）每排座位一般允许安排一名两岁以下的婴儿。

11）航班经停站有重要旅客、特殊旅客或需要照顾的旅客时，事先通知始发站留妥合适的座位，始发站则应通知乘务员注意不要让其他旅客占用。

12）在经停站下飞机的旅客应安排在客舱靠前部的座位，过站旅客安排在客舱靠后部的座位，不能混合安排。值机员将在经停站下飞机的旅客的名单和座位安排情况以书面的形式通告乘务员，双方签字确认。

3.2.4 收运行李

行李运输是随旅客运输而产生的，与旅客运输有着不可分割的关系。收运行李主要包括以下工作内容。

1）了解行李的内容是否属于行李的范围。

2）了解行李内是否夹带禁运品、违法物品或危险品，是否有易碎易损、贵重物品或不能作为交运行李运输的物品。

3）检查行李的包装是否符合要求；检查行李的体积、重量是否符合要求。

4）行李过秤。

5）免费行李额确定与逾重行李收费。

3.2.5 值机柜台关闭

航班离站前30分钟，停止接收旅客，清点乘机联和行李牌。实行“全开放”柜台方式办理值机手续的，航班控制人员将在航班规定的离港时间前25分钟在离港系统中初始关闭。航班初始关闭后，值机柜台将不能再接收被关闭航班的旅客。

航班剩余座位在没有特殊要求预留的情况下，可按规定妥善安排超售、未能按时中转或晚到的旅客，如果另有余位，及时报值班主任了解是否有特殊旅客要优先候补，然后通过候补票台进行补票。

对迟到的旅客，在其客票的背面注明迟到的时间，然后替旅客办理改签或退票手续，在不影响航班正点的前提下，可根据现场情况，经值班主任同意后予以办理乘机手续。

在乘机手续截止办理后，清点乘机联，准确无误后，填好业务交接单，上联交载重平衡人员，下联交行李装卸人员。

旅客登机完毕后，值机人员上飞机与乘务人员当面交接旅客人数，待载重平衡人员交接完毕，飞机关上舱门后方可离岗。

3.3 行李运输服务

行李运输是旅客运输工作的组成部分，它是随着旅客运输的产生而产生的。行李运输在旅客运输中占据非常重要的地位，旅客旅行是否成功，在相当程度上取决于旅客所携带的行李物品运输的完好性和准时性。这是因为，行李不仅本身具有价值，更重要的是，它体现旅客旅行的目的，关系到旅客旅行任务的完成和生活的需要。

行李运输工作的好坏直接影响到飞行安全、航班正常和服务质量。行李运输差错事故所引起的赔偿会给航空公司带来经济损失，也有损于航空公司的声誉，甚至造成严重的政治影响。随着客运量逐年上升，加强行李运输管理、预防行李运输差错事故的发生，已成为提高航空运输质量的重要环节。

因此，行李运输工作人员应以认真、负责的工作态度，严格遵守行李运输规章制度，掌握行李运输专业知识，熟悉行李运输的规定，安全、迅速、优质地运送行李；行李的正常运输需要行李装卸、行李交付及行李查询等各部门的共同努力。

3.3.1 行李的一般规定

1. 行李的概念

行李是指旅客在旅行中为满足穿着、使用、舒适和便利等目的而携带的必要或适量的个人财物。旅客不得携带航空限运物品和管制刀具乘机，管制刀具以外的利器、钝器应作为托运行李托运。

2. 行李的分类

承运人承运的行李，按照运输责任分为托运行李和非托运行李。

（1）托运行李

托运行李是指旅客交由承运人负责照管和运输并填开行李牌的行李。承运人在收运行李时，必须在客票的行李栏内填写托运行李的件数及重量，并发给旅客作为识别行李用的行李牌。托运行李的重量每件不能超过50千克，体积每件不能超过40厘米 ×60厘米 ×100厘米。超过上述规定的行李，须事先征得承运人的同意才能托运，或作为货物运输。每件行李最小重量不得低于2千克，长、宽、高分别不得短于30厘米、10厘米、20厘米；不符合上述规定的行李，不能单独作为托运行李运输。

（2）非托运行李

非托运行李是指经承运人同意由旅客自行携带乘机的零星小件物品，如食品、书报、照相机等，非托运行李的体积应该能置于旅客的前排座椅下或封闭式行李架内。非托运行李的重量，一头等舱、公务舱每位旅客以8千克为限，经济舱每位旅客以5千克为限，此重量不计入旅客的免费行李额内。每件非托运行李的体积不得超过20厘米 ×40厘米 ×55厘米。持头等舱、公务舱客票的旅客，每人可随身携带两件物品；持经济舱客票的旅客，每人只能随身携带一件物品。超过上述重量、体积或件数限制的物品，应作为托运行李托运。

3．特殊行李运输

旅客携带的行李物品如果超出行李的定义范围，在一般情况下，承运人可以拒绝运输。但是，一些特殊行李物品经承运人同意，并按承运人要求，采取了适当措施或接受一定限制条件后，可以作为行李运输，这些行李物品称为特殊行李。

承运特殊行李必须符合国家的法律、法规和承运人的运输规定，在确保飞行安全、人身安全和地面安全的前提下方可承运。下面详细介绍不得作为行李运输的物品以及限制运输的行李物品、小动物和外交信袋运输的处理。

（1）不得作为行李运输的物品

不得作为行李运输的物品是指民航局规定不能在航空器载运和国家规定的其他禁运物品。

1）危险品，包括：①爆炸品，例如烟花、鞭炮、弹药等，但子弹除外；②气体，包括易燃和非易燃无毒气体、有毒气体，例如压缩气体、液化气体等；③易燃液体，例如酒精、油漆、香蕉水等；④易燃固体、自燃物质和遇水释放易燃气体的物质，例如镁粉、白磷、黄磷等。

2）氧化剂和有机过氧化物，例如烟雾剂、漂白粉、双氧水等；毒性物质和传染性物质，例如生漆、有毒农药、海洛因、疫苗等。

3）放射性物质，例如放射性同位素、放射性化学试剂等；腐蚀性物质，例如酸、碱、湿电池、水银等；磁性物质；具有麻醉、令人不快或其他类似性质的物质；容易污损飞机的物品。

4）枪支（猎枪和体育运动用枪支除外）、军用或警用械具类（含主要零部件）。军用枪、公务用枪，例如手枪、步枪、冲锋枪、机枪、防爆枪等；民用枪，例如气枪、麻醉注射枪等；其他枪支，例如样品枪、道具枪等；军械、警械，例如警棍、军用或警用匕首、刺刀等；国家禁止的枪支、械具，例如钢珠枪、催泪枪、电击枪、电击器、防卫器等。

5）管制刀具，包括匕首、三棱刀（包括机械加工用的三棱刮刀）、带有自锁装置的刀具或形似匕首但长度超过匕首的单刃刀、双刃刀或其他类似的单刃、双刃、三棱尖刀等。

承运人在收运行李前或在运输过程中，发现行李中装有不得作为行李或夹入行李内运输的上述物品，可以拒绝收运或随时终止运输。

（2）不得作为托运行李运输的物品

重要文件、商业文件和资料、证券、货币、汇票、珠宝、贵重金属及其制品、古玩字画、易碎易损坏的物品、易腐物品、样品、绝版印刷品或手稿、旅行证件、电子产品、数码产品、摄像机原配件、移动电话、随身听唱机、个人需要定时服用的处方药。

(3) 超过规定物品的运输

超过规定限制而不适于带入客舱运输的物品，按免除责任行李办理托运，但是必须以旅客愿意承担运输责任为前提。旅客携带大量的贵重物品（如黄金）乘机，只能按占座行李办理；办理乘机手续时，旅客应出示有关管理部门开具的该物品的携带证明。

(4) 限制运输的物品

限制运输的物品主要包括：

1）精密仪器、电器类物品、猎枪、体育运动用枪支和子弹、超长体育运动用品、小动物、导盲犬、助听犬、机要文件、外交信袋、无人押运公邮、乘客旅行途中使用的电动轮椅。

2）管制刀具以外的利器、钝器，例如菜刀、大剪刀、大水果刀、剃刀等生活用刀，手术刀、屠宰刀、雕刻刀等专业刀具，文艺单位表演用的刀、矛、剑等，以及斧、凿、锤、锥、加重或有尖钉的手杖、铁头登山杖和其他可用于危害航空安全的锐器、钝器、液态饮品、含酒精类的化妆品等。

4. 免费行李额

免费行李额是根据旅客所付票价、乘坐舱位等级和旅客乘坐的航线决定的。每位旅客的免费行李额（包括托运李和非托运行李）规定如下。

(1) 国内航线免费行李额

持成人或儿童票的旅客免费行李额为：头等舱旅客：40 千克；公务舱旅客：30 千克；经济舱旅客：20 千克。持婴儿票的旅客无免费行李额。

构成国际运输的国内舱段，每位旅客的免费行李额按适用的国际航线免费行李额计算。

(2) 国际航线免费行李额

乘坐国际航线的旅客，其免费行李额一般分为计重制和计件制两种。

1）计重制免费行李额

持成人或儿童票的旅客免费行李额为：头等舱旅客：40 千克；公务舱旅客：30 千克；经济舱旅客：20 千克；持婴儿票的旅客无免费行李额。

2）计件免费行李额

持成人或儿童票的旅客免费行李额为：

头等舱及公务舱旅客：每人可免费托运两件行李，每件体积（三边之和）不超过 158 厘米，每件重量不超过 23 千克。

经济舱旅客：每人可免费托运两件行李，每件体积（三边之和）不超过158厘米，两件体积（三边之和）不超过273厘米，每件重量不超过23千克。按成人票价10%付费的婴儿可免费托运一件行李，但体积（三边之和）不超过115厘米。另外还可免费托运全折叠式或轻便婴儿车或婴儿手推车一辆。

（3）免费行李额的合并计算

搭乘同一航班前往同一目的地的两个以上的同行旅客，如在同一时间、同一地点办理行李托运手续，其免费行李额可以按照各自的客票价等级标准合并计算。免费行李额的合并计算，也称为合并行李。

3.3.2 行李运输流程

1. 行李的包装

行李包装注意事项如下：

1）行李箱、行李袋和手提包等必须加锁。

2）两件以上的包件不能捆为一件。

3）行李上不能附插其他物品。

4）竹篮、网兜、草绳、草袋等不能作为行李的外包装物。

5）行李包装内不能用锯末、谷壳、草屑等作衬垫物。

6）行李上应写明旅客的姓名、详细地址及电话号码。

7）外包装整洁，不容易渗溢，没有污染。

8）运动器材、乐器等要求有外包装物。

9）外交信袋、银行特别用箱等必须加有封条。

2. 收运行李

收运行李注意事项如下：

1）承运人一般应在航班离站当日办理乘机手续时收运行李，如团体旅客的行李过多，或因其他原因需要提前托运时，可与旅客约定时间、地点收运。

2）旅客必须凭有效客票托运行李，托运行李的目的地应该与客票所列明的经停地或目的地相同。

3）清除托运行李上的旧行李牌。

4）检查行李的包装、体积和重量是否符合要求。如不符合要求，应请旅客改善包装；

如因时间或条件限制无法改善包装，旅客坚持要求运输，可视具体情况决定可否收运。收运时应拴挂免除责任行李牌，免除相应的运输责任。

5）超过免费行李额的行李，应收取逾重行李运费，并填开逾重行李票。

6）行李过磅应准确，以免影响飞机的载重平衡。随身携带物品不能计入旅客的免费行李额之内。

7）托运行李的件数、重量，应准确地填入旅客客票的相应栏中，以明确责任。

8）每件托运行李都必须拴挂行李牌，并将其中的识别联交给旅客。

9）经承运人同意的自理行李应与托运行李合并计重后，交由旅客带入客舱自行照管，并在行李上拴挂自理行李牌。

3．行李退运

旅客在始发站要求退运行李，必须在行李装机前提出。如旅客退票，已托运的行李也必须同时退运，还应退还已收逾重行李运费。

旅客在经停地退运行李，该航班未使用航段的已收逾重行李运费不退。

3.3.3 行李不正常运输

1．迟运行李（Delayed Baggage）

在始发站由于漏装行李、行李牌上联脱落无法辨认行李的目的地或由于飞机载量不足拉卸行李，使旅客的托运行李未能随旅客同机运出，称之为迟运行李。迟运行李不包括旅客的逾重行李由于飞机载量原因而被安排在后续航班运出的托运行李。

迟运行李的处理：

1）在行李不正常运输登记表上编号、登记（格式如表 3.1 所示）。

表 3.1 行李不正常运输登记表

年　月				
航班/日期	颜色/形状	不正常原因	处理结果	备　注

2）安排后续航班将迟运行李运往目的地。

3）拍发运送行李电报给行李目的站，以便在旅客到达之时及时通知旅客。

4）对行李牌上联脱落无法确定行李目的地的迟运行李，应等待其他航站发来的查询报，确定行李目的地后，安排后续航班运往行李目的地。

5）迟运行李运出前，应填写并拴挂速运行李牌（Expedite Tag）。

6）代理其他承运人处理迟运行李时，应通知该航空公司驻本站代表。

7）中转站收到迟运行李后，按照速运行李牌上列明航班号 / 日期转运。

8）到达站收到迟运行李后，立即通知旅客提取。迟运行李提取后，将收到日期和交付日期用电报通知迟运行李的中转站和到达站。

2．少收行李（Missing Baggage）

到达站没有收到按照规定应该随旅客同机运达的托运行李，称为少收行李。

少收行李是由于始发站行李漏装、行李错装或行李牌脱落无法辨认行李目的地而没有装上飞机，中途站错卸行李，到达站漏卸行李或行李与货物混淆被卸到仓库或其他地方等原因，造成旅客提取行李时找不到自己托运行李的现象。

少收行李的处理包括以下几个方面。

1）查验旅客的客票和行李牌识别联。请旅客交验客票及行李牌识别联，记录旅客姓名、旅行路线、客票上填写托运行李的件数、重量、行李牌识别联上的目的地、有无改变航程、客票是否签转等情况。

2）弄清少收行李的外包装形状、颜色和制作材料等特征；如是联程行李，还要向旅客询问行李的转运情况、最后看见行李的地点、是否已在联运站发现缺少行李等。

3）查看多收行李记录、外站发来的多收行李和运送行李电报。

4）按行李查找地点的顺序查找行李。①查看行李到达大厅与行李传送带周围有无遗留行李；②通知行李装卸队检查货舱、集装箱内（必要时还可检查客舱）是否有漏卸行李，并检查行李仓库；③向货运仓库询问有无误将行李卸到货物仓库内，必要时向海关查询；④沿到达行李的运输路线查找。

5）填写“行李运输事故记录”（PIR，Property Irregularity Report）。它是少收行李、多收行李、行李破损及行李内物被盗等行李运输不正常情况的原始记录。由于“行李运输事故记录”是行李查询与赔偿工作的依据，在填制时，应力求做到准确、详尽。“行李运输事故记录”格式如表 3.2 所示。

表 3.2 行李运输事故记录

Property Irregularity Report（PIR） DF-251

行李不正常运输记录

File Reference No.查询编号
Phone No. 查询电话

AHL | DAMAGED（80） | PILFERED（90） | REMARK 备注

NM Passenger' s umano Name 旅客姓名 IT Initials（缩写）

TN Baggage Tag Numbers（行李牌号）

/ / / /

CT Baggage Description/Color Type Description（行李颜色类型）

/ / / /

FD Passenger Routing：Camer Flight No. –Date（乘坐航班号日期）

—— / —— / —— / ——

BR Baggage Routing：Camer Flight No. –Date（行李航线）

—— / —— / —— / ——

RT Routing/Places to Traced（航班及经停站）

/ / / /

BI Brand Name of Bag/Outside Identification（行李箱外标牌或名签）

Damage Information (破损说明)

Description of damage（破损描述）:Handle把手（01）Lock锁（02）Hold洞（03）Tom撕裂（04） Scratched划痕（05）Crushed压碎（10）Stained/Wetted污染（11） Dented凹坑（14） Type of damage; Miter 小面积 Major 大面积 Total 全部	

PA Permanent Address (永久地址) TA Temporary Address (临时地址)

	DV Dates Valid from/to 临时地址有效期
PN Passenger Phone No.联系电话	TP Temporary Phone No.临时地址联系电话

TK Ticked Number (客票号码) PS Status/class (座位等级) BX Excess Baggage Ticket No. (逾重行李票号)

	Y C F	

BW Checked Pieces/Weight in Ticket NW Missing Pieces/Weight DB Destination on Tag

/ KGS	/ KGS	

This report is valid for two years from date of issue . This report does not involve any acknowledgement of liability.

此单自填制之日起，有效期两年。本记录不涉及对任何责任的确认。

Date填制日期	Company official'signature填制人姓名	Passenger'signature旅客签字

6）填写“少收行李处理登记表”（如表 3.3 所示）。

表 3.3 少收行李处理登记表

查询编号	旅客姓名	行李牌号码	颜色/型号	航班/日期	始发站	填表人	到达编号	领取人签名	领取日期	领取人证件名称及号码	发放人签名

7）根据具体情况预付旅客适当的临时生活用品补偿费。由于承运人的原因使旅客的托运行李未能与旅客同机到达，造成旅客旅途生活的不便，承运人可根据实际情况在经停地或目的地等候行李期间，给予旅客适当的临时生活用品补偿费，作为购买洗漱用具和换洗衣裤等生活日用品的费用。临时生活日用品付款单如表 3.4 所示。

表 3.4 临时生活日用品付款单

临时生活日用品付款单　D-F254

RECEIPT FOR ACCOMODATION FOR DAILY NECESSITIES

赔偿号：__________查询编号（Reference No）：__________

兹有我（签名人)在乘坐中国国际航空公司航班旅行时未收到我的交运行李。愿接收中国国际航空公司支付的如下金额以购买临时生活必需品。我理解并同意将来如找不到我的行李，如下金额将计算入中国国际航空公司对我的赔偿款项内。

I,THE UNDERSIGNED,REVEIVED FROM AIR CHINA,THE FOLLOWING SUM FOR THE PURCHASE OF TEMPORARY NECESSARY PERSONAL ITEMS DUE TO THE NON-DELIVERY OF MY CHECKED BAGGAGE DURING THE COURSE OF MY TRAVEL ON AIR CHINA FLIGHT .IT IS UNDERSTOOD AND AGREED THAT ABOVE PAYMENT WILL BE APPLIED AND CREDITED TO ANY FUTURE ADJUSTMENT MADE TO ME BY AIR CHINA ,IN THE EVENT THAT MY BAGGAGE IS NOT LOCATED.

旅客姓名　　　　　　　　　　客票号码
PASSENGER'S NAME __________ TICKET No.__________

地址
ADDRESS__________

航班/日期
FLIGHT/DATE__________

行李牌号码
TAG No.__________

金额
THE SUM OF __________

旅客签字
PASSENGER'S SIGNATURE __________

行李查询员　　　　　　　　　　行李查询部门领导
PREPARED BY__________ APPROVED BY __________

第一联　存根

给予旅客临时生活用品补偿费时应注意以下几个方面：① 一次性发给的临时生活用品补偿费一般标准为人民币 100 元，承运人也可参照当地物价作出本航空公司的补偿费标准。② 对重要旅客、重要商务旅客和知名人士的临时生活用品补偿费经请示可适当增加。③ 临时生活用品补偿费在下列情况下发给：旅客提出要求；过站旅客（即本站不是旅客永久居住地）；行李当天不能运达；不是逾重行李因载量不足被落卸。④支付临时生活用品补偿费时，填写“日用品补偿费收据”（一式三份），请旅客签收。旅客联交旅客；存根联附在“行李运输事故记录”上；财务联作报销用，交财务部门。

8）拍发有关少收行李查询电报。具体包括：①第一次少收行李查询电报（AHL—Advise if Hold）；②第二次少收行李查询电报（Renew Tracer）；③泛查行李电报（Offline Tracer）；④仍需查找行李电报（SND—Still Need Message）；⑤最后查询行李电报（Final Tracer）。

9）通知旅客。经过查询，如果找到行李，应立刻通知旅客提取；若一周之后（即发生少收行李后第七天）仍无结果，应以信函或电话、电报等方式，将查询情况通知旅客，并寄上“遗失物件问卷”（Missing Property Questionnaire），一式两份，请旅客填妥后退回行李查询部门。

10）少收行李结案。如果少收行李在本站找到或被外站找到，并且被运送至拍发少收行李查询电报的行李查询部门，该部门应该向所有的“AHL”、“Renew Tracer”、“Offline Tracer”、“SND”、“Final Tracer”收报部门拍发结案电报（CFI，Close File Information）。如果本航空公司有行李查询中心部门（LZ），还应向行李查询中心拍发结案电报，表示此案例至此已了结，少收行李处理结束。

11）回复少收行李查询电报。①行李的发运站应查对多收行李登记本和外站发来的多收行李电报（OHD，On Hand）；在本站的行李仓库、货物仓库、传送带周围以及可能找到行李的地方查找；与有关单位如海关、其他承运人在本站的行李查询部门联系查找；行李在本站找到，应按“速运行李”运送至少收行李的行李查询部门或按电报要求运送，并发 FWD 电报通知对方；不论是否找到行李都应回电答复。②最后见到行李的中转站应查对多收行李登记本和外站发来的多收行李电报；在本站的行李仓库、货物仓库、传送带周围以及可能找到行李的地方查找；必要时，向当日从本站起飞的航线经停站拍发泛查行李电报；行李在本站找到，应按“速运行李”运送至少收行李的行李查询部门或按电报要求运送；不论是否找到行李都应回电答复。③其他航站应查对多收行李登记本；在本站的行李仓库查找；行李在本站找到，应按“速运行李”运送至少收行李的行李查询部门或按电报要求运送；本站无此行李不需回电，除非查询电报上注明“ADV

EVEN NEG”，可复电一次。

3. 多收行李

（1）多收行李的概念

多收行李（Found And Unclaimed Baggage）是指每一次航班行李交付工作已经完毕，仍无人认领的行李。具体包括以下几类：

1）错运行李：挂有目的站为非本站的行李牌错运到本站的行李。

2）速运行李 ：挂有速运行李牌需要中转至目的站的行李。

3）无人认领行李：挂有目的地为本站的行李牌的行李，但无人认领。

4）无行李牌行李：没有挂任何行李牌的行李。

（2）多收行李的处理程序

1）填写“多收行李登记表”（如表3.5所示），并拴挂在多收行李上，入库备查。

表3.5 多收行李处理登记表

多收编号	旅客姓名及电话	原行李牌号码	颜色/类型	始发站	航班/日期	填表人	原少收行李查询编号	处理摘要及日期	本站经手人	海关签章

2）在多收行李处理登记表上编号、登记。登记时仔细查看行李外包装是否完整无损、有无上锁；行李上有旅客姓名、地址、电话号码，应尽量详细地作好记录。对破损和无锁的行李进行包扎或上铅封后过磅重量，并作好记录。

3）将多收行李登记表与少收行李登记表上记录的情况进行对照分析，从中找出少收的行李。

4）拍发多收行李电报。

（3）多收行李中错运行李的处理

1）属他站错运至本站的多收行李，可按原行李牌上的目的地，选择合理的运输路线和航班运往行李目的地。

2）拍发运送行李电报至行李目的地或有关中转站，并在电报最后注明是错运行李。

3）如果本站没有至行李目的站的航班，也无法通过其他航班中转，可将行李退回原发运站。

4）填写和拴挂速运行李牌，保留原行李牌。

（4）多收行李中的无人认领 / 无行李牌行李

1）核对其他站发来的少收行李查询电报或到达站的旅客名单报（TPM）。

2）查看行李上的旅客姓名、地址、电话标贴牌或其他能识别旅客姓名、地址的标志和行李颜色、类型等。必要时，经领导同意后，可以开启包装查看行李内物（必须两人以上在场），以便从中得到有关线索，设法与旅客本人或单位有关人员联系。

3）如果暂时无法找到失主，应在多收行李登记表上登记运达航班号、日期、行李颜色、形状、行李的内容等，并拴挂多收行李记录卡、过磅入库。

4）在航班到达后 4 小时内向运达航班的始发站、中途站多收行李电报（OHD），最迟不得超过飞机到达后的第二天中午 12：00。

5）多收行李在航班到达 72 小时后仍无人认领或没有找到失主，向有关航站和行李查询中心拍发 SHL 电报。

6）去函与失主联系，并请旅客提供以下情况：乘坐航空公司、航班号、日期；行李颜色、类型和行李物品；是否属于托运行李；是否已向承运人报失，在哪里报失的。

7）找到失主之后，应通知失主前来领取。如果失主在外地，可按照速运行李的运送要求处理。

8）多收行李从开始保管之日起，超过 90 天，可按无法交付行李处理。

多收行李、旅客遗留的自理行李和随身携带物品，以及由于安全原因禁止携带的物品，经过多方查找仍无法找到失主，保管期又超过规定时限 90 天的，可以作为逾期无人领取行李、物品（即无法交付行李）。①行李查询部门负责逾期无人领取行李、物品的处理工作。在处理前要认真做好清点、登记工作，并上报有关部门批准；属于国际运输的无法交付行李还应会同当地海关进行处理。②无法交付行李交给海关时，要求逐件列单，与海关经办人员办理交接手续。③如属军用品、违禁品、文物、金银珠宝以及其他重要文件、资料等应向有关部门办理移交，不得擅自处理。④属于行李运输事故，并已由承运人作出赔偿的行李，可以变卖，所得款项全部归作出赔偿的承运人所有。⑤对逾期无人领取行李、物品，任何单位或个人不得私自挪用或变卖、购买和违章处理。⑥处理所得金额应扣除行李保管费、处理费、关税后，余额交财务部门。逾期无人领取行李、物品在处理之日起 30 天内旅客前来认领，经确认后可将余款交还失主。⑦填写无人领取行李 / 物品登记表（如表 3.6 所示）。

9）其他承运人航班运来的无主行李，可以移交给该承运人处理。

表 3.6 无人领取行李 / 物品登记表

查询编号	登记日期	行李/物品名称	行李牌号码	形状/颜色	航班/日期	自/至	处理结果	经手人	海关

4．速运行李

（1）速运行李的运送与交付

速运行李是指行李发生不正常运输（如迟运、多收等）后，需要迅速将行李运抵行李的目的地。

1）运送速运行李必须按照速运行李牌的要求详细填写有关项目，并拴挂在行李上，保留原行李牌。

2）可利用本航空公司或其他承运人的最近一次班机免费运送。尽可能使用原航空公司航班运送。

3）其他承运人的速运行李，如果行李包装不符合运输规定，可拒绝接受。运送其他承运人的速运行李，如果发生损坏、丢失，承运人不负赔偿责任。

4）本航空公司的速运行李委托其他航空公司运送，应办理交接手续。

5）海关监管的速运行李，运送时需办理海关手续。

6）速运行李发运前，应拍发运送行李电报给到达站行李查询部门以及有关中转站。必要时，还应给遗失行李的旅客打电话、写信或发电报，通知旅客行李的运送航班、日期和目的地。

（2）速运行李的转运

1）转运其他承运人的速运行李时，应对速运行李重新过磅，核对重量是否与速运行李牌上注明的重量相符。如有不符，需及时通知原承运人，待原承运人回电后，安排航班转运。

2）如果速运行李包装不符合运输规定，可拒绝接受转运，并将情况通知原承运人。

（3）到达站对速运行李的处理

1）收到速运行李后，核对重量是否与速运行李牌上的重量相符。

2）检查速运行李的包装是否完整无损，如有破损，对破损的部位和程度作记录。破损行李须进行包扎或另装容器，并上铅封。

3）查看速运行李牌上所列的内容。

4）通知旅客前来提取行李。

5）行李到达站收到速运行李后，应给运送速运行李的有关航站行李查询部门拍发收到速运行李报（OHD）。

6）速运行李已交付旅客后，应及时给有关航站行李查询部门和行李查询中心拍发结案报（GFI）。

（4）速运行李的交付

1）目的站收到速运行李后，应尽快通知旅客提取或按旅客要求，在征得当地海关同意后，将行李送至旅客住地。

2）行李交付旅客时，应查对旅客的领取凭证和证件。请旅客在速运行李牌上签收，收回旅客所持的“行李运输事故记录”（PIR）。

3）协助旅客办理海关手续，将行李亲自交付旅客，尽量避免转手交付。

4）属于其他承运人的速运行李，收到行李后，应交给该承运人处理，双方办理交接手续。

5）旅客可委托他人来认领速运行李，但被委托人必须出示委托书、旅客护照或证件的复印件以及被委托人的身份证件。

6）在交付时，旅客提出赔偿要求，应根据责任与赔偿有关规定办理。

5．行李破损

（1）行李破损的概念

旅客的托运行李在运输过程中，行李的外部受到损伤或行李的外部形状改变，因而使行李的外包装和 / 或内装物品的价值受到损失，称之为行李破损。

行李破损分为明显破损和不明显破损。明显破损是指行李外包装有明显的破损痕迹或外包装变形；不明显破损是指行李外包装完好或看不出有破损的痕迹，但是内物受损。

（2）行李破损的处理

发生行李破损，应立即查明行李破损的原因，明确责任。如果属于在运输过程中的正常现象，应向旅客解释，例如轻微的摩擦、凹陷或表面沾染少量的污垢等。这些轻微擦碰，承运人不负运输责任。

1）在装卸或传送行李时发生或发现行李破损，应会同行李装卸人员填制行李事故签证单，并采取必要的补救措施。行李破损发生在始发站，一般要求将破损的行李修复后运输；如果一时无法修复，在运出时，应拍发行李破损报（DMG），通知行李目的站和有关转运站。

2）旅客提取行李时，提出行李破损，应会同旅客检查行李外包装和内物的破损或遗失情况，尽可能明确责任。检查内容包括：①有无人为开、撬现象，破损痕迹的新旧；②行李本身的包装是否符合航空运输的规定；③整件行李的重量是否超过其包装所能承受的负荷；④有无拴挂“免除责任行李牌”，是否已免除相应的责任；⑤将破损行李过秤，核对旅客客票上填写的托运行李重量与实际重量是否相符，以确定行李的内物是否短缺。

3）属于承运人责任的行李破损应会同旅客填制“行李运输事故记录”（PIR），一式两份，一份交旅客收执，作为索赔的依据，一份留行李查询部门存查。代理其他航空公司业务时，增加一份交该航空公司。

4）如果行李的外包装完好无损，旅客提出行李内物破损，并要求赔偿，除非旅客能提出证实是承运人的过失所造成外，承运人可不负赔偿责任。

5）如代理其他承运人处理破损时，填妥“行李运输事故记录”后，可由该承运人驻本站代表直接处理。

6）挂有“免除责任行李牌”的行李发生破损，应查对“免除责任行李牌”上打“×”的项目，如果属于免除责任的破损，承运人可不负赔偿责任。

7）行李破损登记：发生或发现行李破损，应立即填写“行李装卸事故签证”或“行李运输事故记录”，并根据破损行李赔偿标准的有关规定办理赔偿。每月终了填写行李损坏登记表，如表3.7所示。

表3.7　行李损坏登记表

日期	编号	旅客姓名	客票号码	航班号/日期	航程	行李牌号码	行李损坏情况	处理情况（赔偿金额）	经手人备注

6．托运行李内物被盗或丢失

1）旅客在提取行李时，若提出所托运的行李内物部分被盗或丢失，并要求承运人赔偿，因一时难以明确责任，承运人应详细询问旅客，并请旅客书面提出被盗或丢失的物品和价值。倘属于承运人责任，应负责赔偿。

2）旅客在领取行李时，如果没有提出异议，即为托运行李已经完好交付。事后旅客又提出行李内物被盗或丢失，承运人应协助旅客查找，除非旅客能提供证明系承运人的过失所造成外，承运人可不承担任何责任。

3）旅客在托运行李内夹带现金、贵重物品等，一旦丢失或被盗，如属于承运人责任，按一般托运行李承担赔偿责任。

4）发现托运行李内物短缺，应立即通知装卸部门和运输部门的值班领导到现场查看情况，检查该航班到达行李的交付过程，运送行李和交付行李的经办人员名单，尽可能找到疑点。短缺严重的要向公安部门或保卫部门报案。

5）会同旅客填制“行李运输事故记录”（PIR），一式两份，一份交旅客作为赔偿凭证；一份为查询部门存查。如承运人责任已解决，仅填制一份作存查之用。

6）填制行李内物短缺报告，作为对“行李运输事故记录”的补充。

7）填制行李内物短缺赔偿工作表。为了较准确地判断托运行李内物被盗或丢失应赔偿的金额，填写此表与 PIR 和行李内物短缺报告共同构成调查和赔偿的依据。

8）向有关航站行李查询部门拍发托运行李内物被盗或丢失电报（P/LOST)。

9）托运行李被盗或丢失一旦找到后，应当面交付旅客。旅客提取时，需办理签收手续。

10）有关站收到查询电报后，应立即协助查找。若找到，可按“速运行李”运送到查询站。贵重物品、易碎物品或小件物品应交乘务长带到目的站。

7. 遗失／遗留自理行李、随身携带物品

自理行李、随身携带物品是指经承运人同意由旅客自行负责照管的行李物品。这些行李物品的遗失不属于承运人的运输责任范围，但承运人可根据旅客提供的情况和线索，协助旅客查找。找到后，通知旅客前来提取。旅客遗留的自理行李、随身携带物品应尽快找到失主；一时无法找到失主，应交由行李查询部门保管和处理。

（1）遗失自理行李和随身携带物品的处理

1）根据旅客提供的情况和线索，协助旅客查找。

2）与有关的机务人员、乘务人员、机上清洁人员、候机室服务人员和海关、安检、边防部门联系。

3）请旅客留下姓名、地址、遗失物品名称、数量、牌号及型号等。

4）不填写“行李运输事故记录”，但要根据旅客提供的情况作好记录、编号、登记。

5）向有关站发查询电报。

（2）遗留自理行李的处理

旅客遗留的物品（包括自理行李、随身携带物品等）应交由行李查询部门保管和处理。

1）旅客的遗留物品应做好交接手续，进行编号、登记、拴挂多收行李记录卡、过磅，并上铅封入库。

2）查看物品，并对其内容列出清单。如果发现失主姓名、地址，应通知失主认领。

3）向有关站拍发多收行李报（OHD）。

4）有关站回电或来电查询，应认真查对，并将遗留行李物品按多收行李处理。如找到失主，应将遗留的行李物品拴挂速运行李牌运送到离失主最近的航站。

5）如果找不到失主，旅客遗留的行李物品保管90天后，作为无法交付行李处理。但鲜活易腐物品不受上述时间限制，可根据具体情况经请示领导后及时处理。

6）代理其他承运人的航班上发现旅客遗留的行李物品，可转交给该承运人驻本站代表处理。

3.3.4 行李的赔偿

1．承运人的赔偿责任

下列情况造成行李物品的损失，承运人不负赔偿责任。

1）自然灾害和其他无法控制的原因（战争或者武装冲突）。

2）由于遵守国家的法律、规章、命令和运输规定。

3）行李本身的自然属性、质量或者缺陷。

4）行李内装有承运人规定不能夹带在托运行李内运输的物品，如易碎物品、易腐物品、贵重物品、文件、证件、有价证券、金银首饰、现金等，不论承运人是否了解都不负赔偿责任。

5）行李外包装完好无损，除非能证明是由承运人的过失造成外，对行李内物发生损坏不负赔偿责任。

6）旅客收受托运行李时，未提出异议，也未填写“行李运输事故记录”和“行李破损记录”，承运人不负赔偿责任。

7）逾重行李，而旅客未支付逾重行李费，承运人不负逾重部分的赔偿责任。

8）由行李损失而引起的间接损失不负赔偿责任。

9）拴挂“免除责任行李牌”的托运行李，可免除行李牌上标明的项目的运输责任。

10）行李在航空运输中因延误造成的损失，承运人应当承担责任，但是承运人证明本人或者其受雇人、代理人为了避免损失的发生，已经采取一切必要措施或者不可能采取此种措施的，不承担责任。

2．受理赔偿的地点

一般情况下，受理旅客行李赔偿的地点为旅客的目的站或事故发生的航站。特殊情况航班的始发站也可受理赔偿，但是，必须事先与原处理不正常行李运输的航班取得联系，并且得到该航站正式委托以后才能受理。

3．提出异议的时限

托运行李发生损失的，旅客应当在发现损失后向承运人提出异议，最迟应当自收到托运行李之日起 7 日内提出；托运行李发生延误的，最迟应当自托运行李交付旅客处置之日起 21 日内提出。除承运人有欺诈行为外，旅客未在上述规定的期限内提出异议的，不能向承运人提出索赔诉讼。

4．诉讼

托运行李的毁灭、遗失、损坏或者延误，旅客有权对第一承运人及最后承运人提起诉讼，旅客均可对发生毁灭、遗失、损坏或者延误的运输区段的承运人提起诉讼。上述承运人应当对旅客承担连带责任。

航空运输的诉讼时效期限为 2 年。自民用航空器到达目的地点、应当到达目的地点或者运输终止之日起计算。

3.4 安检服务

3.4.1 证件检查

1．乘机的有效证件

有效的乘机证件有：居民身份证、军官证、士兵证、军队离退休证、港澳通行证、海员证等。如身份证丢失的，可由本人户口所在地的公安机关出具临时身份证明；如在户口所在地以外被盗或丢失的，凭发案、报失地公安机关出具的临时身份证明乘机。

16岁以下未成年人，可使用学生证、户口簿或户口簿所在地公安机关出具的身份证明。中国人民解放军、中国武装警察部队转业、退伍人员，在转业、退伍半年内，凭转业证、退伍证可乘机。

2. 证件检查的程序

1）人、证对照。验证检查员接证件时，就要注意观察持证人的“五官”特征，再看证件上的照片与持证人“五官”是否相符。

2）核对“三证”。一是核对证件上的姓名与机票上的姓名是否一致；二是核对机票是否有效，有无涂改痕迹；三是核对登机牌所注航班是否与机票一致；四是查看证件是否有效，同时查对持证人是否是查控对象。

3）查验无误后，按规定在登机牌上加盖验讫章放行。

3. 证件检查的方法

（1）看

“看”就是对证件进行检查，要注意识别证件的真伪，认真查验证件的外观式样、规格、塑封、暗记、照片、印章、颜色、字体、印刷以及编号、有效期限等主要识别特征是否与规定相符，有无变造、伪造疑点。注意查验证件是否过期失效。

（2）对

“对”就是观察辨别持证人与证件照片的性别、年龄、相貌特征是否吻合，有无疑点。

（3）问

“问”就是对有疑点的证件，通过简单询问其“姓名、年龄、出生日期、生肖、单位、住址”等，进一步加以核实。

3.4.2 人身检查

1. 人身检查的程序

从上到下，自内而外，由前到后。

2. 人身检查的方法

对旅客进行人身检查有两种方法：仪器检查和手工检查。在现场工作中通常可采用仪器与手工相结合的检查方法。

仪器检查是指安检人员按规定的方法对旅客进行安全门检查或采取手持金属探测器等检查发现危险品、违禁品。

手工人身检查是指安全检查人员按规定的方法对旅客身体采取摸、按、压等检查方法发现危险品、违禁品。

3. 手持金属探测器检查的程序

1）前衣领→右肩→右大臂外侧→右手→右大臂内侧→腋下→右上身外侧→右前胸→腰、腹部→左肩→左大臂外侧→左手→左大臂内侧→腋下→左上身外侧→左前胸→腰、腹部。

2）右膝部内侧→裆部→左膝部内侧。

3）头部→后衣领→背部→后腰部→臀部→左大腿外侧→左小腿外侧→左脚→左小腿内侧→右小腿内侧→右脚→右小腿外侧→右大腿外侧。

所有乘机旅客都必须通过安全门检查（政府规定的免检者除外）。旅客通过安全门之前，安全门前的引导员应首先让其取出身上的金属物品，然后引导旅客按次序逐个通过安全门（要注意掌握旅客流量）。如发生报警，应使用手持金属探测器或手工人身检查的方法进行复查，彻底排除疑点后才能放行。

对旅客放入盘中的物品，应通过X光机进行检查，如不便进行X光机检查的物品要注意采用摸、掂、试等方法检查是否藏匿违禁物品。

检查人员面对旅客，先从旅客的前衣领开始，至双肩、前胸、腰部止；再请旅客转身，从后衣领起，至双臂外侧、内侧、腋下、背部、后腰部、裆部、双腿内侧、外侧和脚部止。冬季着装较多时，可请旅客解开外衣，对外衣也必须进行认真的检查。

4. 手工人身检查的要领

手工人身检查的要领主要是顺身体的自然形状，通过摸、按压、拍打，用手来感觉出藏匿的物品。拍打是指在手不离开旅客的衣物或身体的情况下用适当的力度进行按压，以感觉出旅客身体或衣物内不相贴合、不自然的物品。

3.4.3 物品检查

1. 关于禁止随身携带及禁止托运的物品的有关规定

中国民用航空局规定，在中国境内乘坐民航班机禁止随身携带或托运以下物品。

1）枪支、军用或警用械具（含主要零部件）及其仿制品。

2）爆炸物品，如弹药、烟火制品、爆破器材等及其仿制品。

3）管制刀具。

4）易燃、易爆物品，如火柴、打火机（气）、酒精、油漆、汽油、煤油、苯、松香油等。

5）腐蚀性物品，如盐酸、硫酸、硝酸、有液蓄电池等。

6）毒害品，如氰化物、剧毒农药等。

7）放射性物品，如放射性同位素等。

8）其他危害飞行安全的物品，如有强烈刺激气味的物品、可能干扰机上仪表正常工作的强磁化物等。

2. 关于禁止随身携带但可托运的物品的有关规定

中国民用航空局规定，在中国境内乘坐民航班机禁止随身携带以下物品，但可放在托运行李中托运。

1）菜刀、水果刀、大剪刀、剃刀等生活用刀。

2）手术刀、屠宰刀、雕刻刀等专业刀具。

3）文艺单位表演用的刀、矛、剑。

4）带有加重或有尖钉的手杖、铁头登山杖、棒球棍等体育用品。

5）斧、凿、锤、锥、扳手等工具和其他可以用于危害航空器或他人人身安全的锐器、钝器。

6）超出可以随身携带的种类或总量限制的液态物品。

3.5 航班运行服务

3.5.1 出港航班的送机服务

廊桥送机服务的注意事项如下。

1）服务员应准备好小喇叭、对讲机、行李条、航班指示牌、特殊旅客单、顺号表、高端指示牌，提前45分钟到达指定登机口，打开电脑输入程序，做好准备工作，并了解该航班有无特殊旅客，认真核对航班号及飞机号。

2）服务员应在廊桥口拴挂好指示牌后，提前上飞机了解各部门机上保障工作进展情况，随时报告配载员，以便尽快登机，缩短过站时间。

3）配载员通知登机后，通过区域广播，组织后舱旅客优先排队登机，2分钟内安排第一位旅客登机（如遇广播系统故障，应及时使用小喇叭广播登机）。

4）登机口和机舱口服务员应认真核对登机牌上的航班号、日期及目的地，防止漏刷、漏撕、错数登机牌、错撕登机牌，维持现场秩序，及时卡“三超”（超大、超重、超件）行李。

5）登机口服务员应注意观察现场情况，控制廊桥登机人数，避免廊桥堵塞。机舱口服务员应注意观察旅客登机情况，控制客舱人数，避免客舱堵塞。

6）旅客人数不符时，应通过电脑查找出未登机旅客姓名，通过区域广播和广播室广播提醒旅客，查看旅客是否有托运行李，如有应及时报给行李分拣员将行李拉出。

7）服务员上航班过程中如遇到特殊情况应及时将信息反馈给当班组长或配载员，做到信息畅通无阻。

8）旅客登机完毕后，登机口的服务员应与班组长、配载及机舱门口的服务员进行核对，杜绝错乘、漏乘。

9）登机完毕后，如机上要求托运行李，服务员应及时通知行李分拣员快速托运行李，并将行李件数、重量报配载。

10）登机人数核对准确后，上报配载，经配载同意关舱后方可通知乘务员关舱门，服务员须等舱门关妥后方可撤离。

11）记录关舱门时间及出港人数，填写航班正点考核表，并在航班离站后保存好登机牌副联。

12）如航班减掉旅客，服务员应在登机门等候旅客。如到离港时间旅客未出现，再通知服务总台，引导旅客到值机柜台办理相关手续并做好解释工作，在记录本上记录。

3.5.2 进港航班的接机服务

1. 廊桥接机

1）掌握航班到达时间、停机位，提前10分钟到达指定停机位（18：00以后的航班要开廊桥灯）。

2）飞机停靠廊桥，在廊桥开动，警示灯闪亮时，禁止上下走动。

3）廊桥停靠稳妥之后示意空乘下客。

4）服务员从机舱内拿业务袋取出舱单并及时了解该航班有无特殊旅客，如有应与乘务长交接。

5）服务员引导旅客前往到达出口，目送旅客下扶梯，另一位服务员在扶梯处引导旅客，直到旅客全部安全走完（服务员须先于旅客到达自动扶梯）。

6）在各记录本上记录数据。

2. 远机位接机

1）掌握航班到达时间、人数、停机位，提前15分钟到岗，联系摆渡车。

2）注意观察外场车辆及飞机行驶情况，注意客梯车是否停放好，能否安全下客（四脚是否停稳，平台是否到位，并测试尾部是否能承受压力），如未停放好应及时通知客梯车师傅停放到位（如已停放到位则示意空乘可以下客）。

3）服务员从机舱内拿业务袋取出舱单并及时了解该航班有无特殊旅客，如有应与乘务长交接。

4）面对客梯车，引导旅客乘坐摆渡车，注意旅客下梯安全，扶老携幼，维持外场秩序。

5）旅客上车完毕后，检查摆渡车车门是否关闭妥当，示意司机能否发车。

6）服务员与旅客同车前往到达出口，引导旅客提取托运行李，并引导特殊旅客与其家人进行交接。

7）在各记录本上记录数据。

小结与练习

本章小结

机场客运服务是机场地勤服务的重要环节，它由订座服务、值机服务、行李运输服务、安检服务、航班运行服务五个部分组成。值机服务分为值机准备工作、查验客票及有效身份证件、座位安排、收运行李、值机柜台关闭五部分。安检服务分为证件检查、人身检查、物品检查三部分。

思考与练习

1. 收运行李的要求有哪些？

2. 行李不正常运输有哪些情况？应该如何处理？

3. 禁止随身携带及禁止托运的物品有哪些？

4. 有效的乘机证件有哪些？
5. 证件检查的程序与方法有哪些？
6. 值机的准备工作有哪些？
7. 旅客座位安排的原则与要求有哪些？
8. 行李分为哪些种类?

第4章 机场联检服务

知识目标

1. 了解联检服务的内容
2. 掌握海关检查服务要点
3. 掌握边防检查的内容和程序
4. 掌握动植物检疫的规定

能力目标

1. 能够快速为旅客办理相关联检服务
2. 能够处理联检服务中的各种突发情况

机场联检服务是机场地勤服务的重要一环，它由海关检查、边防检查、检验检疫三个部分组成。联检服务是窗口服务，是连接我国和其他国家的桥梁。

联检是指由口岸相关机构，包括海关、边防、检验检疫部门对出入境行为实施的联合检查，检查对象包括进出境人员、运输工具、货物、行李以及动植物。

4.1 海关服务

海关是根据国家法律规定，对出入国境的一切商品和物品进行监督、检查并照章征收关税的国家机关。

4.1.1 进出境旅客通关

1. 通关相关规定

1）根据《中华人民共和国海关法》和《中华人民共和国海关对进出境旅客行李物品监管办法》的规定，进出境旅客行李物品必须通过设有海关的地点进境或出境，接受海关监管。旅客应按规定向海关申报。

2）除法规规定免验者外，进出境旅客行李物品应交由海关按规定查验放行。海关验放进出境旅客行李物品，以自用合理数量为原则，对不同类型的旅客行李物品规定不同的范围和征免税限量或限值。

3）旅客进出境携有需向海关申报的物品，应在申报台前向海关递交《中华人民共和国海关进出境旅客行李物品申报单》（见图 4.1）或海关规定的申报单证，按规定如实申报其行李物品，报请海关办理物品进境或出境手续。在实施双通道制的海关现场，上述旅客应选择“申报”通道（亦称“红色通道”）通关；携带无须向海关申报的物品的旅客，即可选择“无申报”通道（亦称“绿色通道”）通关。

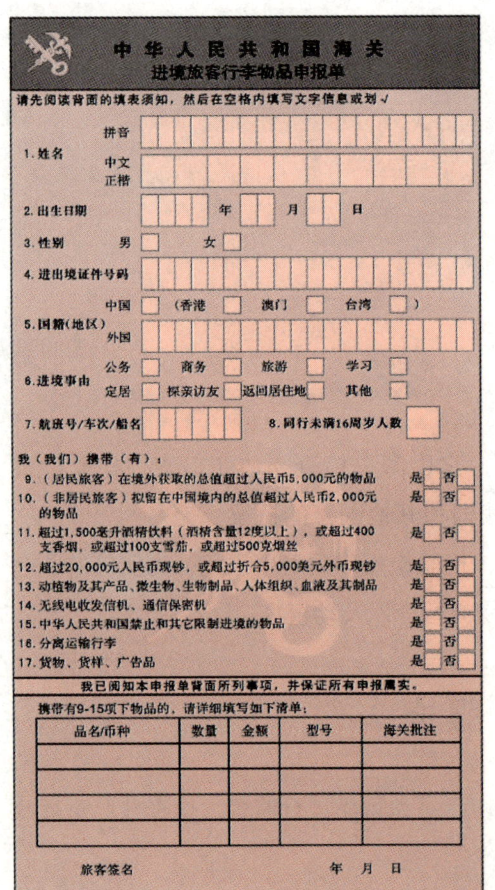

中华人民共和国海关
进境旅客行李物品申报单

请先阅读背面的填表须知，然后在空格内填写文字信息或划√

1. 姓名 拼音
中文正楷
2. 出生日期 年 月 日
3. 性别 男 女
4. 进出境证件号码
5. 国籍（地区） 中国（香港 澳门 台湾）
外国
6. 进境事由 公务 商务 旅游 学习
定居 探亲访友 返回居住地 其他
7. 航班号/车次/船名
8. 同行未满16周岁人数

我（我们）携带（有）：

9.（居民旅客）在境外获取的总值超过人民币5,000元的物品 是 否
10.（非居民旅客）拟留在中国境内的总值超过人民币2,000元的物品 是 否
11. 超过1,500毫升酒精饮料（酒精含量12度以上），或超过400支香烟，或超过100支雪茄，或超过500克烟丝 是 否
12. 超过20,000元人民币现钞，或超过折合5,000美元外币现钞 是 否
13. 动植物及其产品、微生物、生物制品、人体组织、血液及其制品 是 否
14. 无线电收发信机、通信保密机 是 否
15. 中华人民共和国禁止和其它限制进境的物品 是 否
16. 分离运输行李 是 否
17. 货物、货样、广告品 是 否

我已阅知本申报单背面所列事项，并保证所有申报属实。

携带有9-15项下物品的，请详细填写如下清单：

品名/币种	数量	金额	型号	海关批注

旅客签名 年 月 日

图 4.1 海关进出境旅客行李物品申报单

4）经海关验核签章的申报单请妥善保管，以便回程时或者进境后凭此办理有关手续。海关加封的行李物品，请不要擅自开拆或者损毁海关施加的封志。

2. 通关程序指引

1）当旅客完成了护照检查后，就可以携带所有的行李（包括托运行李），自行选择通道通关。

2）在选择海关通道前，请先了解清楚海关通关管理规定。对错选通道而引致的一切法律责任，将由旅客自行承担。

3）旅客需要向海关办理申报手续的，请到

海关申报台以书面形式完成。此外在任何地点以及其他任何方式的申报均视为无效。

4）请旅客出示有效进出境证件通关。

5）对旅客带有国家规定的应税物品，海关将予照章征税。请旅客持税单自行前往海关指定的银行缴纳税款。

6）对携带超量或未办结海关手续的货物、物品，海关将提供暂时保管，并按规定收取保管费。

4.1.2 进出境物品的管理

个人携带进出境的行李物品，邮寄进出境的物品，应当以自用、合理数量为限，接受海关监督。进出境物品的所有人应当如实向海关申报，接受海关查验。海关加施的封条任何人不得擅自开启或损毁。进出境邮袋的卸装、转运和过境应接受海关监督。

1. 禁止出入境物品

1）各种武器、仿真武器、弹药及爆炸物品。

2）伪造货币及伪造的有价证券。

3）对中国政治、经济、文化、道德有害或内容涉及国家秘密的手稿、印刷品、胶卷、照片、唱片、录音带、激光视盘、计算机存储介质及其他物品。

4）各种烈性炸药。

5）鸦片、吗啡、海洛因、大麻以及其他能使人致病的麻醉品、精神药物。

6）带有危险性病菌、害虫及其他有害生物的动物、植物及其产品。

7）有碍人畜健康的，来自疫区的以及其他能传播疾病的食品、药品或其他物品。

8）珍贵文物及其他禁止出境的文物。

9）濒危的和珍贵的动物、植物及其种子和繁殖材料。

2. 限制出入境物品

1）金银等贵重金属及其制品。

2）外币及其有价证券。

3）无线电收发信机及通信保密机。

4）贵重中药材及其成药。

5）国家货币。

6）一般文物及海关限量管理的其他物品。

3. 部分物品出入境规定

(1) 携运金银及其制品进出境

每人携带的金银限额为：黄金饰品5市钱，白银饰品5市两。经海关查验符合规定的准予放行，回程时，必须将原物带回。

携带金银制品超出上述规定的，必须在出境前持有关证明到当地中国人民银行或其委托机构，验明所带金银及其产品名称、数量后，申领“携带金银出境许可证”，海关凭此查验放行。

(2) 携带外汇和外汇票证进出境

出国留学人员携带或附带外汇出境，海关凭外汇管理局、中国银行、中信实业银行的证明或原入境时的申报单查验放行。

持有境外的债券、股票、房地契以及处理境外债权、遗产、房地产和其他外汇资产有关的各种证书、契约，须经外汇管理局批准，方可携带出境。携带外币1000美元以下或等值其他外币时，海关免于验核签章。

(3) 携运和邮运文物出口

根据我国文物保护法及海关有关规定，携带、托运和个人邮寄文物出境，都必须事先向海关申报，已故现代著名画家的书画作品属于文物范围，如欲携带出境，应办理同样的鉴定、报关手续。携带旧存文物出境，应向海关申报，并经有关文化行政管理部门鉴定，开具许可出口证明。

新中国成立以来制作的文物仿制品和复制品，以及一般现代书画作品不属于文物范围。

办理文物出口许可手续的有北京、天津、上海、广州4个口岸及省属文物管理部门。

(4) 旅行自用物品

非居民旅客及持有前往国家或地区再入境签证的居民旅客携进旅行自用物品限照相机、便携式收录机、小型摄影机、手提式摄录机、手提式文字处理机每种一件。超出范围的，需向海关如实申报，并办理有关手续。经海关放行的旅行自用物品，旅客应在回程时复带出境。

(5) 人民币

旅客携带人民币进出境，限额为6000元。超出6000元的不准进出境。

(6) 中药材、中成药

旅客携带中药材、中成药出境，前往国外的，总值限人民币300元；前往港澳地区的，总值限人民币150元。寄往国外的中药材、中成药，总值限人民币200元；寄往港澳地区的，总值限人民币100元。

进境旅客出境时携带用外汇购买的、数量合理的自用中药材、中成药，海关凭有关发货票和外汇兑换水单放行。

麝香以及超出上述规定限值的中药材、中成药不准出境。

(7) 旅游商品

进境旅客出境时携带用外汇在我境内购买的旅游纪念品、工艺品，除国家规定应申领出口许可证或者应征出口税的品种外，海关凭有关发货票和外汇兑换水单放行。

4.1.3 行李物品和邮递物品征税办法

为了简化计税手续和方便纳税人，中国海关对进境旅客行李物品和个人邮递物品实施专用税则、税率。现行税率共有五个税级：免税、20%、50%、100%、200%。物品进口税从价计征，完税价格由海关参照该项物品的境外正常零售平均价格确定，进口税税额为完税价格乘以进口税税率。

4.2 边 防

边防检查站是国家设在口岸以及特许的进出境口岸的出入境检查管理机关，是代表国家行使出入境管理职权的职能部门，是国家的门户。它的任务是维护国家主权、安全和社会秩序，发展国际交往，对一切入出境人员的护照、证件和交通运输工具实施检查和管理，实施口岸查控，防止非法入出境。

4.2.1 入境检查

公安边防检查部门依据《边防检查条例》代表国家行使入出境管理。对外国人、港澳同胞、台湾同胞、海外侨胞、中国公民因公、因私入出境进行严格的证件检查。

外国人来中国，应当向中国的外交代表机关、领事机关或者外交部授权的驻外机关申请办理签证（互免签证的除外）。除签证上注明入、出境口岸的外，所有入出境人员，可从全国开放口岸入出境。

外国人到达中国口岸后，要接受边防检查站的检查。填写好入境登记卡，连同护照一起交入境检查员检验，经核准后加盖入境验讫章，收缴入境登记卡后即可入境。

下面介绍一些关于护照、签证和其他常见证件的基础知识。

1. 护照

护照（Passport）是一个主权国家发给本国公民用于出入国境、在国外旅行或居住的合法身份证明和国籍证明。护照是维护国家主权、保护本国公民利益和保障国际正常交往所必备的重要证件。公民在国际间往来，必须持有本国政府颁发的合法护照，同时护照内必须具有前往国的有效签证，这样才能离开本国国境，进入前往国家或地区。如果持照人在国外旅行，居留期间发生意外，所在国首先必须依照其所持护照，判明身份和国籍，然后再决定如何处理。同样，护照颁发国的驻外机构也要根据护照来决定如何提供帮助或外交保护等。

(1) 护照的种类

目前世界上大多数国家颁发的护照，可分为外交护照、公务护照和普通护照三种；个别国家只发一种护照（如英国）；少数国家发两种护照（如印度和巴基斯坦等）；也有的国家发四五种护照（如美国和法国等）。

我国政府颁发四种护照，即外交护照、公务护照、普通护照和香港特别行政区护照（注：自2007年2月5日起，改为“香港特别行政区电子护照”），其中普通护照又分因公普通护照和因私普通护照。另外，中华人民共和国旅行证为中华人民共和国护照的代用证件。

1) 外交护照。外交护照一般是颁发给具有外交身份的人员使用的护照，如外交官员、领事官员、外交信使和到外国进行国事活动的国家元首、政府首脑、国会或政府代表团成员等，都使用外交护照。根据国际惯例，上述人员的随行配偶和未成年子女，一般也发给外交护照。

除上述规定之外的公民出国执行公务，由其工作单位依照规定向外交部门提出申请，也可由外交部门根据需要签发外交护照或者公务护照。

外交护照由外交部签发。

外交护照的颁发对象：主要发给外访的党政军领导和高级官员以及派驻国外的外交官、领事官及随行的配偶和未成年子女、外交信使等，具体有：党中央、国务院、全国人大、全国政协、中央军委的领导人；国务院各部委领导人；最高人民法院、最高人民检察院的领导人；全国总工会、共青团中央、全国妇联的领导人；各省、自治区、直辖市的党政军领导人；党政军高级代表团的领导和成员，一般代表团的领导人；常驻国外的大使馆、领事馆随员以上官员及其配偶和未成年子女，外交部临时出国的副处长以上干部，新华通讯社、香港分社领导人；常驻联合国代表团随员以上官员和常驻国际组织的代表、副代表及其配偶和未成年子女；专职外交信使；颁发护照机关认为有特殊原因需要发给外交护照的人员。

2) 公务护照。公务护照是发给国家公务人员的护照，也有的国家称这种供政府官员使用的护照为“官员护照”。此外，各国都把这种护照发给驻外使（领）馆中的不具有外交身份的工作人员及其配偶和未成年子女。

公务护照由外交部、中华人民共和国驻外使馆、领馆或者外交部委托的其他驻外机构以及外交部委托的省、自治区、直辖市人民政府外事部门签发。

公务护照的颁发对象：常驻国外机构的工作人员及其配偶和未成年子女；不属于领取外交护照范围的临时因公出国人员；颁发护照机关认为需要发给公务护照的人员。

3）普通护照。普通护照是指发给一般公民使用的护照（图4.2）。公民因前往外国定居、探亲、学习、就业、旅行、从事商务活动等非公务原因出国的，由本人向户籍所在地的县级以上地方人民政府公安机关出入境管理机构申请普通护照。

图4.2 普通护照

中华人民共和国普通护照又可分为中华人民共和国因私普通护照和中华人民共和国因公普通护照。

中华人民共和国因私普通护照的颁发对象：因私事出国的人员，具体包括出国定居、探亲、访友、旅游、自费留学、出国就业、继承财产、治病、奔丧等人员；侨居国外的中国公民；发照机关认为应发给因私普通护照的人员（如三资企业、外商机构中的中方雇员和国有集体股份制企业的人员等因到国外培训、从事商务活动等的需要而出国出境的，并非个人"私事"，但根据他们的情况又并非"公务"，我国有关部门商定，这些人员也可以到公安机关的出入境管理部门申领因私普通护照）。目前，全国已有231个城市实行公民凭户口簿、居民身份证按需申领护照。在实行按需申领普通护照的地方，公民只需要提交户口簿、居住身份证即可申请护照。尚未实行按需申领护照的地方和非法移民等问题突出地区，申请人出国除提交户口簿、居民身份证外，还要提供与出国事由相应的证明材料，如出国劳务的，要提交劳务项目说明书；出国旅游的，要提交团队旅游申请表等。

国家工作人员因前往外国定居、探亲、学习、就业、旅行、从事商务活动等非公务原因出国申请普通护照的，还应当按照国家有关规定提交相关证明文件。国家工作人员申请因私出国与普通公民不同，必须履行有关审批手续，提交所属组织、人事管理和行政隶属部门出具的意见。单位意见包括下列内容：申请表所填内容是否属实，是否同意申请人出国等。需提交单位意见的国家工作人员的范围由组织、人事部门确定，目前主要是指公务员和参照公务员管理的人员以及国有企业、国有控股企业、事业单位负责人以及从事财务、机要等工作的人员。

图 4.3　香港特别行政区护照

中华人民共和国因公普通护照的颁发对象：国家或国营企业、事业单位派遣的公务活动的人员，公派留学、进修人员，访问学者及公派出国从事劳务的人员等；受雇于国外公司的人员、船员；其他不便于使用公务护照出国执行公务的人员。

4）香港特别行政区护照。香港特别行政区护照（图 4.3）主要颁发给持有香港永久性居民身份证的中国公民。

（2）护照的内容

护照的内容，各个国家都比较相近。封面印有国名的全称及护照种类的名称，封底印有使用护照的注意事项，封里一般都印有“请各国军政机关对持照人予以通行的便利和必要的协助”等。主要包括姓名、出生地、性别、发照日期、有效期等，护照均应贴有持照人的照片。

中华人民共和国护照的内容有持照人的护照号码、条形码、姓名、曾用名的加注、性别、身份、婚姻状况、出生日期、出生地点、护照的签发日期、有效期限、签发地点、签发机关等，并贴有本人照片。

如果是前往欧洲等对签证材料要求相对严格的国家，护照最后一页必须附上持证人的亲笔签名，否则将无法顺利办理签证。

（3）护照的有效期限

护照不是永久性的证件，都有一定的有效期限。护照在有效期内是具有法律效力的证明，即为有效护照，否则即为无效护照，不具备法律效力。

各国护照的有效期不尽一致，一般地说，各国使（领）馆在颁发签证时都要求护照的有效期必须在 6 个月以上。如果护照的有效期不足 6 个月，则必须先到公安机关申请延期后，再到使（领）馆申办签证，但每次延长期限不得超过护照原有有效期。

我国的外交护照有效期为 5 年。公务护照和因公普通护照分为一次有效和多次有效两类。多次有效护照的有效期为 5 年，是发给在一定时期内需要多次出入我国国境的人员；一次有效护照的有效期为 2 年，是发给在一定时期内一次出入我国国境的人员。一次有效因公普通护照和一次有效公务护照满 2 年后，如有需要，可在国（境）外按规定手续申请延期一次。延长期限根据需要决定，但最长不得超过 2 年。一次有效因公普通护照的标志是护照的扉页在护照号码前有“Y”字样；在第 4 页上方有“……持照人在护照有效期内可出入中国国境一次”字样。我国的因私普通护照有效期为 5 年。有效期为 5

年的护照，过期前可申请延期两次，每次不超过5年。申请延期应在护照有效期满前办理。在国内延期手续可到各级颁发护照的机关办理；在国外，由中国驻外国的外交代表机关、领事机关或者外交部授权的其他驻外机关办理。

新的《中华人民共和国护照法》（2006年4月29日第十届全国人民代表大会常务委员会第二十一次会议通过，2006年4月29日中华人民共和国主席令第五十号公布）规定，从2007年1月1日开始，我国的护照不再办理延期的手续，改为直接换领新的护照。仍在有效期内的旧版普通护照可以继续使用，直至有效期届满为止。

2007版普通护照对普通护照有效期的规定：持有人未满16周岁的5年，16周岁以上的10年。

香港特别行政区护照的有效期为10年。

中华人民共和国旅行证有两种，其有效期分别为2年（入、出中国国境多次有效）和1年（入、出中国国境一次有效）。如有效期满，不得延期。

（4）护照的有效地区

有效地区是护照的重要内容之一，我国的护照上都印有“本护照前往世界各国有效”。有的国家的护照则印有“本护照限前往 × 国有效”或“持照人不得前往 × 国及 × 地区”等字样。

（5）护照内的“偕行儿童”

原则上，中国护照发给16周岁以上的中国公民，不满16周岁者，则随其父母或监护人合用一本护照，这个儿童即为“偕行儿童”。在必要时，也可为16周岁以下的儿童单独发相应的护照。如果成人和儿童分别办理护照，这个儿童不能称为偕行儿童。

（6）不予签发护照的规定

申请人有下列情形之一的，签发机关不予签发护照：

1）不具有中华人民共和国国籍的。

2）无法证明身份的。

3）在申请过程中弄虚作假的。

4）被判处刑罚正在服刑的。

5）人民法院通知有未了结的民事案件不能出境的。

6）属于刑事案件被告人或者犯罪嫌疑人的。

7）国务院有关主管部门认为出境后将对国家安全造成危害或者对国家利益造成重大损失的。

法律同时规定，申请人有下列情形之一的，护照签发机关自其刑罚执行完毕或者被遣返回国之日起6个月至3年内不予签发护照：

1）因妨害国（边）境管理受到刑事处罚的。

2）因非法出境、非法居留、非法就业被遣返回国的。

2. 签证

(1) 签证的定义

签证（Visa）是主权国家准许外国公民或本国公民出入境或经过国境的一种许可证明。即一个国家的外交部或授权其驻外使（领）馆，在本国和外国公民所持的护照或其他旅行证件上签注盖印（见图 4.4），证明其护照有效，并核准该护照持有人可以进入其领土以及允许停留的时间，或通过其领土前往其他国家。

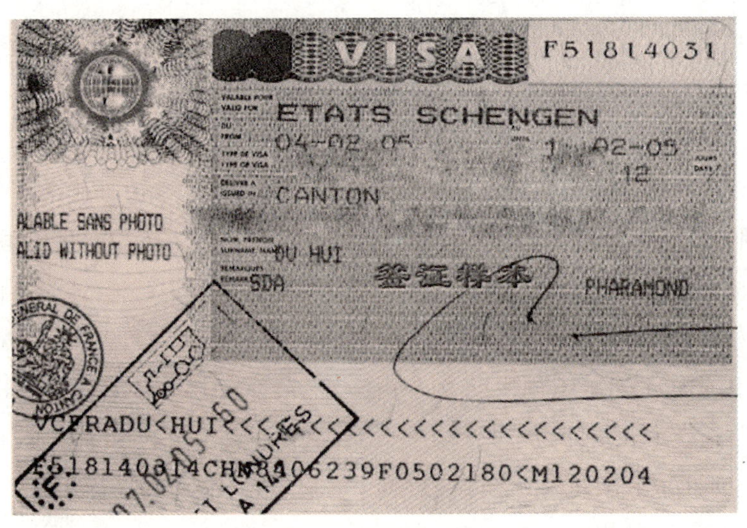

图 4.4 签证样本

签证制度是国家主权的象征，是国家对于外国人的入境实施有效控制和管理的具体表现，并以此达到维护国家安全及国内社会秩序的目的。通常情况下，一个国家发给外国人的签证，是以平等互惠为原则的。

(2) 签证的种类

各国的签证种类有所不同，分类方法也多种多样。

签证可以根据持有人护照种类分为外交签证、公务签证和普通签证三种。即持有外交护照的发给外交签证；持有公务护照的发给公务签证；持有普通护照的发给普通签证。

根据出入境情况分为出境签证、入境签证、出入境签证、多次入出境签证、再入境签证和过境签证等。出境签证只许持证人出境，如需入境，须再办入境签证。入境签证只准许持证人入境，如需出境，须再申办出境签证。出入境签证，持证人可以出境，也可以再入境。多次入出境签证允许持证人在签证有效期内多次入出境。在一国取得永久居留权或长期居留权的外国人，临时出境后，再次入境前须办理再入境签证。过境签证是指在进行国际旅行时，因技术等方面的原因必须经停第三国时，需要得到经停国暂时许可停留的签证。

根据出入境事由分为移民签证、非移民签证、留学签证、旅游签证、工作签证、商务签证和家属签证等。

根据时间长短分为长期签证和短期签证。长期签证的概念是，在前往国停留 3 个月以上。申请长期签证不论其访问目的如何，一般都需要较长的申请时间。在前往国停留 3 个月以内的签证称为短期签证，申请短期签证所需时间相对较短。

此外，常见的签证种类还有：

1）移民和非移民签证。获得移民签证即取得该国永久居留权，居住一定期间后可归化为该国公民；非移民签证又有商务、留学、劳务、培训、旅游、医疗等种类。

2）反签证或倒签证。反签证是指由邀请方在本国出入境管理部门（如日本法务省入国管理局、韩国法务部、印尼移民局）为来访人员办好签证批准证明，再连同护照等材料呈递该国驻华使（领）馆。使（领）馆凭上述批函即可发签，无需再请示国内相关部门。

获得反签证就意味着入境获得批准，护照交使馆后也不会等候太长时间。目前实行反签证的国家大多在亚洲，如日本、韩国、印尼、新加坡、马来西亚等。

3）另纸签证。各国所发签证多为在护照内页上加盖签章或粘贴标签形式，但有时也以另纸发予签证，即在护照以外的一张专用纸上单独签注的签证，对护照不作任何改观。另纸签证必须和护照同时使用。这类情形大多由于两国尚无邦交时表示暂不承认对方护照，或持异见人士访问敌对国后避免回国受到本国的迫害，以及团体旅游时在验明护照后即时退还以减少手续或时间紧迫来不及逐本制作签证等原因。

4）口岸签证或落地签证。这是仅次于免签证的优惠待遇，是指在前往国的入境口岸办理签证。有时亦需请别人预先在本国提出申请，并将批准证明副本寄给出访人员。后者凭该证明出境，抵达前往国口岸时获得签证。如泰国对印度、智利、喀麦隆等 70 多个国家或地区的人士，凡停留时间在 15 天之内的，都可以在曼谷、清迈、合义和布吉国际机场获得签证（须提交照片）。

知识卡片

我国发给申请入境的外国人的签证主要有外交签证、礼遇签证、公务签证和普通签证。

（1）中华人民共和国外交签证

外交签证的签发对象：

a. 驻华使（领）馆处的外交官、领事，联合国系统组织驻华机构持红皮“通行证”人员以及他们的眷属；

b. 持用外交护照，联合国红皮“通行证”临时因公来华人员以及他们的随行眷属；

c. 因公持用公务护照、官员护照、特别护照、使命护照、普通护照的建交国副部长以上的官员，国会（众、参两院）议长、副议长以及他们的随行眷属；

d. 外交信使；

e. 签证机关认为需要发给外交签证的人员。

（2）中华人民共和国礼遇签证

礼遇签证的签发对象：

a. 卸任的外国国家元首、政府首脑、国会议长、最高法院院长、外交部长；

b. 前驻华大使和其他高级官员、知名人士及其随行眷属；

c. 未持用外交护照的有影响的在野党领袖；

d. 持用外交护照或联合国红皮“通行证”来华探亲访友、旅游观光的外国官员及其眷属；

e. 未持外交护照，但应我国省、部级党政机关、人民团体或军兵种以上领导机关邀请来华观礼的人员；

f. 某些秘密外宾，我发证机关认为应发给礼遇签证的人员。

（3）中华人民共和国公务签证

公务签证的签发对象：

a. 驻华使（领）馆处的工作人员（包括持有外交护照的非外交官和领事官）和联合国系统组织驻华机构持用联合国蓝皮“通行证”人员及其随行眷属；

b. 持用公务护照、官员护照、特别护照、联合国蓝皮“通行证”临时因公来华或过境人员以及他们的随行眷属；

c. 驻华民间机构中持用公务护照的人员及其随行眷属；

d. 应邀访华的外国党、政代表团中未持用外交护照的成员；

e. 发证机关认为应发给公务签证的人员。

（4）中华人民共和国访问签证

访问签证发给应邀来中国访问、考察、讲学、经商、进行科技文化交流及短期进修、实习等活动不超过6个月的人员，其签证有效期不超过6个月，每次延长不超过3个月。

（5）中华人民共和国记者签证

常驻记者签证发给来中国常驻的外国记者；

临时记者签证发给临时来中国采访的外国记者。

（6）中华人民共和国职业签证

职业签证发给来中国任职或就业的人员及其随行家属，其签证有效期除有特别规定外一般不超过6个月。

（7）中华人民共和国另纸签证

（8）中华人民共和国定居签证

定居签证发给来中国定居的人员，其签证有效期除有特别规定外一般不超过6个月。

（9）中华人民共和国旅游签证

旅游签证发给来中国旅游、探亲或因其他私人事务入境的人员，旅游签证有效期不超过3个月； 对来中国探亲的，签证有效期不超过6个月。

（10）中华人民共和国普通签证

普通签证的签发对象：

a. 持用普通护照或护照代用证件的人员；

b. 驻华使（领）馆处和联合国组织驻华机构的雇用人员；

c. 来华留学学生；

d. 发证机关认为该发给普通签证的人员。

续表

颁发普通签证时，根据申请者的来华事由，标注相应的汉语拼音字母。 （11）中华人民共和国学习签证 学习签证发给来中国留学、进修、实习6个月以上的人员，其签证有效期除特别规定外一般不超过6个月。 （12）中华人民共和国过境签证 过境签证发给经中国过境的人员，签证有效期不超过1个月，入境后的停留期不超过10天。 （13）中华人民共和国乘务签证 乘务签证发给执行乘务、航空、航运任务的国际列车乘务员、国际航空器机组人员及国际航行船舶的海员及其随行家属（此种签证不由公安机关签发）。

(3) 签证的内容

签证有一定的规范格式，一般包括签证种类、入境目的、居留期限、有效日期以及签发机构、签发官员、日期和签证费用等。

(4) 签证的有效期

签证有效期是签证的一项十分重要的内容，世界上所有主权国家签发的签证基本上都标明有效期。签证的有效期，是指从签证签发之日起到以后的一段时间内准许入境，超过这一期限，该签证就是无效签证。国家一般发给 3 个月有效的入境签证，也有的国家发给 1 个月有效的入境签证。最长的一般为半年或者半年以上，如就业和留学签证；最短的为 3 天或者 7 天，如过境签证。有的国家对签证有效期限制很严，如德国只按申请日期发放签证。过境签证的有效期一般都比较短。

(5) 签证的停留期

签证的停留期，是指持证人入境后准许停留的时间。它与签证有效期的区别，在于签证的有效期是指签证的使用期限，即在规定的时间内持证人可出入或经过该国。如某国的入、出境签证有效期为 3 个月、停留期为 15 天，那么这个签证从签发日始 3 个月内无论哪一天都可以出入该国国境。但是，从入境当日起，到出境当日止，持证人在该国只能停留 15 天。如美国访问签证的有效期和停留期都是 3 个月、即在 3 个月内入境方为有效，入境后也只能停留 3 个月。

3. 其他证件

(1) 大陆居民往来台湾通行证

1）大陆居民往来台湾通行证的样式为雪青色封面（图 4.5），5 年多次有效。

2）大陆居民往来台湾通行证的颁发对象：前往我国台湾省定居、探亲、访友、旅游、接受和处理财产、处理婚丧事宜或者参加经济、科技、文化、教育、体育、学术交流等活动的居住在大陆的居民。

（2）港澳同胞回乡证

1）港澳同胞回乡证的样式为酱黄色封面（图 4.6），自签发之日起 10 年内有效；儿童专用的为淡黄色封面，自签发之日起 3 年内有效。

图 4.5 大陆居民往来台湾通行证　　图 4.6 港澳同胞回乡证

2）港澳同胞回乡证的颁发对象：香港或澳门特别行政区的永久性居民。

（3）中华人民共和国海员证

1）中华人民共和国海员证的封面为蓝色，有效期为 5 年或 8 年。

2）中华人民共和国海员证的颁发对象为在中国籍远洋船舶上工作或派往外国籍远洋船舶上工作的中国海员。

（4）卡式港澳同胞来往内地通行证

1）卡式港澳同胞来往内地通行证上有持卡人资料，卡上资料可由机读机读取，证件号码为 11 位。香港特别行政区居民卡号码首位以英文字母“H”开头，澳门特别行政区居民卡号码首位以英文字母“M”开头；第 2 位至第 9 位为数字，该 8 位数字为港澳居民的终身号；第 10 位至第 11 位为换证次数，首次发证为 00，此后依次递增。证件号码颜色分为红色、黑色两种，红色表示证件有效期为 3 年，黑色表示证件有效期为 10 年。

2）卡式港澳同胞来往内地通行证的颁发对象为中国香港特别行政区或澳门特别行政区永久性居民。

（5）中华人民共和国旅行证

1）中华人民共和国旅行证的样式有黄色封面（旧版）和墨绿色封面（新版见图4.7）两种，分2年多次有效和1年一次有效。

2）中华人民共和国旅行证的颁发对象包括：①凡未持我国护照的华侨、港澳同胞及台湾同胞，经我主管机关批准回国长住或旅行、探亲，不需要或不便发给护照者；②中国公民在国外丢失护照，护照过期不适合延期者；③中国公民在国外逾期居留、非法打工、偷渡，护照被没收或无护照证件者。

（6）中华人民共和国入出境通行证

1）中华人民共和国入出境通行证的样式为绿色封面，分单页对折一次有效和增加查验页多次入出境有效两种。

2）中华人民共和国入出境通行证的颁发对象包括：①凡持港英、澳葡护照的香港、澳门同胞，要求返回内地，但不愿申领港澳同胞回乡证的；②不宜在护照或身份证件上办理我签证的部分外籍华人；③入境人员因丢失证件或其他原因不能出境的。

《中华人民共和国护照法》（2007年1月1日起施行）将“入出境通行证”更名为“出入境通行证”。

（7）台湾居民来往大陆通行证

1）台湾居民来往大陆通行证的样式为草绿色封面（图4.8），32页，有效期为5年，使用时实行逐次签注，分一次往返有效和多次往返有效两种。

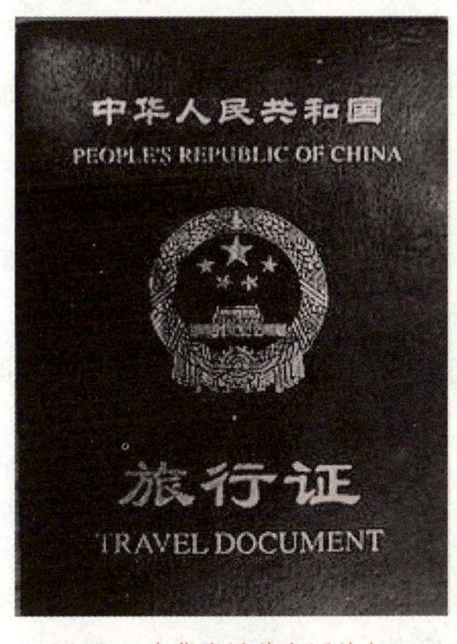

图4.7 中华人民共和国旅行证

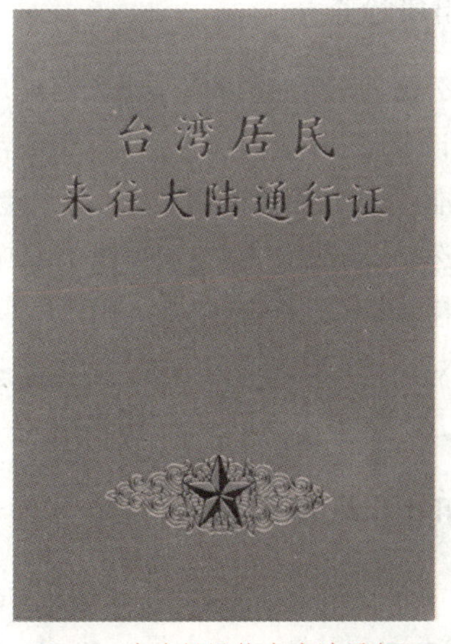

图4.8 台湾居民往来大陆通行证

2）台湾居民来往大陆通行证的颁发对象为前来大陆定居、探亲、访友、旅游、接受和处理财产、处理婚丧事宜，参加经济、科技、文化、教育、体育、学术交流等活动或者进行投资、贸易等活动的居住在我国台湾省的居民。

（8）中华人民共和国往来港澳通行证

1）中华人民共和国往来港澳通行证的样式为蓝色封面，分 8 页 2 年一次有效和 16 页 5 年多次有效两种。

2）中华人民共和国往来港澳通行证的颁发对象包括：①因私事经批准前往香港、澳门特别行政区的内地居民；②获准短期去香港、澳门特别行政区探亲、会亲的国内居民；③有组织地赴香港、澳门特别行政区旅游的游客；④集体所有制往来香港、澳门特别行政区的小型船舶的船员；⑤经常往来于香港、澳门特别行政区的押运员、司机、导游等以及福建、广东的经济特区需要经常往来于香港、澳门特别行政区的部分因公人员。

（9）因公往来香港澳门特别行政区通行证（红皮）

1）因公往来香港澳门特别行政区通行证的样式有以下两种：①蓝色封面：深蓝色封面，5 年有效；②红色封面：大红色封面，5 年有效。

2）因公往来香港澳门特别行政区通行证的颁发对象包括：①蓝色封面：因公前往香港、澳门特别行政区的内地居民；②红色封面：因公前往香港、澳门特别行政区的内地居民（身份较高）。

4.2.2 出境检查

外国公民入境后应在签证有效期内离开中国。出境时，应向出境检查员交验护照证件和出境登记卡；持中国政府签发的居留证者，如出国后不再返回，应交出居留证件，出境检查员核准后，加盖出境验讫章，收缴出境登记卡放行。

中国公民出境必须向主管部门申领护照，除有特殊规定者外，无论因公因私，个人必须办好前往国签证，才能放行。

外国对中国公民入境、出境、过境有专门规定的，中国政府主管机关将根据情况采取相应措施。

4.2.3 阻止出入境

根据《中华人民共和国外国人入境出境管理法》及其《实施细则》的有关规定，凡被认为入境后可能危害中国的国家安全、社会秩序者，持伪造涂改或他人护照证件者，未持有效护照、签证者以及患有精神病、麻风病、艾滋病、性病等传染病者，或者不能保障在中国期间所需费用者，边防检查站将阻止其入境。

出境人员如果属于：刑事案件的被告人或者犯罪嫌疑人；有未了结的民事案件的人，有违犯中国法律的行为尚未处理，经有关主管机关认定需要追究责任的人；未持有效证件或者持用他人证件的人，以及持有伪造或者涂改的出境证件的人，边防检查站阻止其出境。

4.2.4 交通运输工具的检查

交通运输工具进境、出境、过境必须从对外国人开放的或者指定口岸通行，接受边防检查机关的检查和监护。

航空器抵达中国前，交通运输工具负责人要负责向旅客分发入境登记卡，抵达后要向边防检查站提供旅客和机组名单。出境时办完值机手续后各航空公司负责办理值机手续的人员要向边防检查站书面报告旅客人数，经批准后方可离境。

4.2.5 安全检查

根据我国政府规定，为确保航空器及乘客的安全，严禁乘客携带枪支、弹药、易爆、腐蚀、有毒、放射性等危险物品，旅客在登机前必须接受安全人员的检查，拒绝接受检查者不准登机，损失自负。

进入机场隔离区的迎送人员必须佩戴有效通行证件，并得到安检人员允许后方准进入，对无证者或违犯安全规定者，安全检查人员有权拒绝其进入或依法进行处理。

4.3 检验检疫

4.3.1 卫生检疫

卫生检疫也称“口岸卫生检疫”，是一国政府为防止危害严重的传染病，通过入出国境的人员、行李和货物传入、传出、扩散所采取的防疫措施。外国旅游者、移民者入境是传染病得以传播的重要媒介。为了保障人民健康，各国都在口岸设立卫生检疫及动植物检疫机构。

1. 卫生检疫查验管理

旅客进出境时，出入境交通工具和人员、集装箱、行李、货物、邮包等必须在最先到达或最后离开的过境口岸指定的地点接受医学检查和卫生检查检疫。

进境的交通工具和人员，须在最先到达的国境口岸接受检疫；出境的交通工具和人员须在最后离开的国境口岸接受检疫。检验检疫机构对未染有检疫传染病或者已实施卫生处理的交通工具，签发入境或者出境检疫证。

2. 传染病监测管理

检验检疫机构对入境、出境人员实施传染病监测，有权要求出入境人员填写健康声明卡、出示预防接种证书、健康证书或其他有关证件。有些国家有时免验，但有时对某些流行病检查又特别严格，例如智利、墨西哥、澳大利亚、新西兰等国家要求入境的外国人出具预防霍乱和预防黄热病的接种或复种证明书。入境者如果忘记申办接种证明书，或被发现未进行必要的接种，到达某些国家时，可能会被隔离，并被强制检疫。

中国国境卫生检疫部门根据旅客来自国家或地区的不同，决定是否实施检疫。根据联合国制定的“国际卫生条例”的规定，随着世界疫情变化，目前把斑疹、伤寒和回归热定为国际监视传染病。该条例还规定对移民或者入境居留时间长达半年以上的人员和海员，进行体格检查，具有健康证明者，方能准许入境。近年由于艾滋病的蔓延，许多国家纷纷要求外国移民者或长期居留者，提供未患有艾滋病的健康检查证明。

对患有鼠疫、霍乱、黄热病的出入境人员，应实施隔离留验。对患有艾滋病、性病、麻风病、精神病、开放性肺结核的外国人应阻止入境。对患有监测传染病的出入境人员，视情况分别采取留验、发给就诊方便卡等措施。

3. 卫生监督和卫生处理

检验检疫机构负责对国境口岸和停留在国境口岸的出入境交通工具的卫生状况实施卫生监督。具体包括：监督和指导对啮齿动物、病媒昆虫的防除；检查和检验食品、饮用水及其储存、供应、运输设施；监督从事食品、饮用水供应的从业人员的健康状况；监督和检查垃圾、废物、污水、粪便、压舱水的处理。可对卫生状况不良和可能引起传染病传播的因素采取必要措施。

检验检疫机构负责对发现的患有检疫传染病、监测传染病、疑似检疫传染病的入境人员实施隔离、留验和就地诊验等医学措施，对来自疫区、被传染病污染、发现传染病媒介的出入境交通工具、集装箱、行李、货物、邮包等物品进行消毒、除鼠、除虫等卫生处理。

4. 进口食品卫生监督检验

对已到达口岸的进口食品，按照我国卫生标准和卫生要求进行检查。进口食品（包括饮料、酒类、糖类)、食品添加剂、食品容器、包装材料、食品用工具及设备必须符合我国有关法律法规规定。申请人须向检验检疫机构申报并接受卫生监督检验。检验检疫机构对进口食品按食品危险性等级分类进行管理，并依照国家卫生标准进行监督检验，检验合格者，方准进口。

对不符合标准的食品，根据其检验结果的危害程度，实行退货、销毁、改做他用或加工处理。

4.3.2 动植物检疫

动植物检疫部门是代表国家依法在开放口岸执行进出境动植物检疫、检验、监管的检验机关。我国动植物检疫部门根据《中华人民共和国进出境动植物检疫法》的规定，负责检疫进出中华人民共和国国境的动植物及其产品和其他检疫物，装载动植物产品和其他检疫物的装载容器、包装物以及来自动植物疫区的检疫运输工具。

1. 动植物检疫的范围

检验检疫部门依法实施动植物检疫的有：

1）进境、出境、过境的动植物、动植物产品和其他检疫物。

2）装载动植物、动植物产品和其他检疫物的容器、包装物、铺垫材料。

3）来自动植物疫区的运输工具。

4）进境拆解的废旧船舶。

5）有关法律、行政法规、国际条约规定或者贸易合同约定应当实施检疫的其他货物、物品。

2. 国家禁止进境的动植物

1）动植物病原体（包括菌种、毒种等)、害虫及其他有害生物。

2）动植物疫情流行的国家和地区的有关动植物、动植物产品和其他检疫物。

3）动物尸体。

4）土壤。

3. 进境出境检疫管理

对入境检疫的审批及入境检疫物运输工具及其检疫物有明确规定。进口货物到达口岸前或抵达口岸时，须在入境口岸动植物检疫局办理报检手续。

对进境动物、动物产品、植物种子、种苗及其他繁殖材料实行进境检疫许可制度，进口货物必须事先提出申请，并在对外签订贸易合同或者协议之前办妥检疫审批手续。货物到达口岸后，应立即向当地检验检疫机构报检。经检疫合格的，予以放行，检疫不合格或需进一步检疫监管的货物，依据有关规定作出相应的检疫和监管处理。

对出境动植物、动植物产品或其他检疫物，检验检疫机构对其生产、加工、存放过程实施检疫监管。货主或代理人在动植物及其产品和其他检疫物出境前，须向口岸检验检疫机构办理报检手续。经检疫合格的，出证放行；检疫不合格的，不准出境。

（1）报检

输入、输出应检物，货主或代理人应按要求填写报检单，向口岸出入境检验检疫机构报检。

（2）检疫

检疫包括现场检疫、实验室检疫、隔离检疫。

1）现场检疫：输入、输出应检物抵达口岸时，检疫人员登机、登轮、登车或到货物停放场所实施检疫。

2）实验室检疫：检疫人员按有关规定或要求对输入、输出的检疫物作动物疫病的实验室检测。

3）隔离检疫：动物在入境后或出境前，必须在出入境检验检疫机关指定的隔离场作隔离检疫（大、中动物 45 天，小动物 30 天）。

（3）检疫结果的判定和出证

根据检疫结果，按照我国与有关国家或地区签订的双边检疫议定书或协议中的规定、国家标准，并参考有关国际标准出证。

（4）检疫处理

1）对经检疫不合格的检疫物，由口岸出入境检验检疫机构签发“检疫处理通知单”，通知货主或其代理分别作除害、退回或销毁处理。

2）签证放行：经检疫合格或经除害处理合格的出入境检疫物，由口岸出入境检验检疫机构签发“检疫放行通知单”、检疫证书或在报关单上加盖印章，准予入境或出境。

4. 过境检疫管理

运输动植物、动植物产品和其他检疫物过境（含转运的），应向检验检疫机关报检；要求运输动物过境的，必须事先征得中国国家动植物检疫机关同意，并按照指定的口岸和路线过境。

5. 携带、邮寄物检疫管理

携带、邮寄植物种子、种苗以及其繁殖材料进境的，必须事先提出申请，办理检疫审批手续，检疫合格后放行。未经检疫邮局不运递。

携带动物进境的，必须持有输出国家或者地区的检疫证书等证件。

6. 运输工具检疫

《中华人民共和国国境卫生检疫法》规定，来自疫区的船舶、飞机、火车等运输工具到达口岸时，由口岸动植物机关实施现场检疫。装载进境的车辆，由口岸动植物检疫机关作防疫消毒处理。装载出境的动植物、动植物产品和其他检疫物的运输工具，应符合中国动植物防疫和检疫的规定。对装运供应香港、澳门地区的动物的回空车辆，实施整车防疫消毒。

小结与练习

本章小结

本章主要学习了联检服务的海关检查、边防检查、检验检疫的内容，旨在掌握机场联检的服务技能，更好地为旅客服务。

思考与练习

1. 机场联检服务包含哪些内容？
2. 边防检查的具体内容和程序是什么？
3. 我国限制哪些物品进境？
4. 若我国某机场要降落一家来自疫区的班机，请问应如何处理航班及机上旅客？

附：出入境检验检疫报检规定

（2000 年 1 月 11 日 国家出入境检验检疫局）

第一章 总 则

第一条 为加强出入境检验检疫报检管理，规范报检行为，根据《中华人民共和国进出口商品检验法》及其实施条例、《中华人民共和国进出境动植物检疫法》及其实施条例、《中华人民共和国国境卫生检疫法》及其实施细则、《中华人民共和国食品卫生法》等法律法规的有关规定，制定本规定。

第二条 根据法律法规规定办理出入境检验检疫报检 / 申报的行为均适用本规定。

第三条 报检范围

（一）国家法律法规规定必须由出入境检验检疫机构（以下简称检验检疫机构）检验检疫的；

（二）输入国家或地区规定必须凭检验检疫机构出具的证书方准入境的；

（三）有关国际条约规定须经检验检疫的；

（四）申请签发原产地证明书及普惠制原产地证明书的。

第四条 报检人在报检时应填写规定格式的报检单，提供与出入境检验检疫有关的单证资料，按规定交纳检验检疫费。

第五条 报检单填制要求为：

（一）报检人须按要求填写报检单所列内容；书写工整、字迹清晰，不得涂改；报检日期按检验检疫机构受理报检日期填写。

（二）报检单必须加盖报检单位印章。

第二章 报 检 资 格

第六条 报检单位首次报检时须持本单位营业执照和政府批文办理登记备案手续，取得报检单位代码。其报检人员经检验检疫机构培训合格后领取“报检员证”，凭证报检。

第七条 代理报检单位须按规定办理注册登记手续，其报检人员经检验检疫机构培训合格后领取“代理报检员证”，凭证办理代理报检手续。

第八条 代理报检的，须向检验检疫机构提供委托书，委托书由委托人按检验检疫机构规定的格式填写。

第九条 非贸易性质的报检行为，报检人凭有效证件可直接办理报检手续。

第三章 入境报检

第十条 入境报检时，应填写入境货物报检单并提供合同、发票、提单等有关单证。

第十一条 下列情况报检时除按第十条规定办理外，还应按要求提供有关文件。

（一）凡实施安全质量许可、卫生注册或其他需审批审核的货物，应提供有关证明。

（二）品质检验的还应提供国外品质证书或质量保证书、产品使用说明书及有关标准和技术资料；凭样成交的，须加附成交样品；以品级或重量计价结算的，应同时申请重量鉴定。

（三）报检入境废物时，还应提供国家环保部门签发的“进口废物批准证书”和经认可的检验机构签发的装运前检验合格证书等。

（四）申请残损鉴定的还应提供理货残损单、铁路商务记录、空运事故记录或海事报告等证明货损情况的有关单证。

（五）申请重（数）量鉴定的还应提供重量明细单、理货清单等。

（六）货物经收、用货部门验收或其他单位检测的，应随附验收报告或检测结果以及重量明细单等。

（七）入境的国际旅行者，应填写入境检疫申明卡。

（八）入境的动植物及其产品，在提供贸易合同、发票、产地证书的同时，还必须提供输出国家或地区官方的检疫证书；需办理入境检疫审批手续的，还应提供入境动植物检疫许可证。

（九）过境动植物及其产品报检时，应持货运单和输出国家或地区官方出具的检疫证书；运输动物过境时，还应提交国家检验检疫局签发的动植物过境许可证。

（十）报检入境运输工具、集装箱时，应提供检疫证明，并申报有关人员健康状况。

（十一）入境旅客、交通员工携带伴侣动物的，应提供入境动物检疫证书及预防接种证明。

（十二）因科研等特殊需要，输入禁止入境物的，必须提供国家检验检疫局签发的特许审批证明。

（十三）入境特殊物品的，应提供有关的批件或规定的文件。

第四章 出境报检

第十二条 出境报检时，应填写出境货物报检单并提供对外贸易合同（售货确认书或函电）、信用证、发票、装箱单等必要的单证。

第十三条 下列情况报检时除按第十二条规定办理外，还应按要求提供有关文件。

（一）凡实施质量许可、卫生注册或须经审批的货物，应提供有关证明。

（二）出境货物须经生产者或经营者检验合格并加附检验合格证或检测报告；申请重量鉴定的，应加附重量明细单或磅码单。

（三）凭样成交的货物，应提供经买卖双方确认的样品。

（四）出境人员应向检验检疫机构申请办理国际旅行健康证明书及国际预防接种证书。

（五）报检出境运输工具、集装箱时，还应提供检疫证明，并申报有关人员健康状况。

（六）生产出境危险货物包装容器的企业，必须向检验检疫机构申请包装容器的性能鉴定。生产出境危险货物的企业，必须向检验检疫机构申请危险货物包装容器的使用鉴定。

（七）报检出境危险货物时，必须提供危险货物包装容器性能鉴定结果单和使用鉴定结果单。

（八）申请原产地证明书和普惠制原产地证明书的，应提供商业发票等资料。

（九）出境特殊物品的，根据法律法规规定应提供有关的审批文件。

第五章 报检及证单的更改

第十四条 报检人申请撤销报检时，应书面说明原因，经批准后方可办理撤销手续。

第十五条 报检后30天内未联系检验检疫事宜的，作自动撤销报检处理。

第十六条 有下列情况之一的应重新报检：

（一）超过检验检疫有效期限的。

（二）变更输入国家或地区，并又有不同检验检疫要求的。

（三）改换包装或重新拼装的。

（四）已撤销报检的。

第十七条 报检人申请更改证单时，应填写更改申请单，交附有关函电等证明单据，并交还原证单，经审核同意后方可办理更改手续。品名、数（重）量、检验检疫结果、包装、发货人、收货人等重要项目更改后与合同、信用证不符的，或者更改后与输出、输入国家或地区法律法规规定不符的，均不能更改。

第六章　报检时限和地点

第十八条　对入境货物，应在入境前或入境时向入境口岸、指定的或到达站的检验检疫机构办理报检手续；入境的运输工具及人员应在入境前或入境时申报。

第十九条　入境货物需对外索赔出证的，应在索赔有效期前不少于20天内向到货口岸或货物到达地的检验检疫机构报检。

第二十条　输入微生物、人体组织、生物制品、血液及其制品或种畜、禽及其精液、胚胎、受精卵的，应当在入境前30天报检。

第二十一条　输入其他动物的，应当在入境前15天报检。

第二十二条　输入植物、种子、种苗及其他繁殖材料的，应当在入境前7天报检。

第二十三条　出境货物最迟应于报关或装运前7天报检，对于个别检验检疫周期较长的货物，应留有相应的检验检疫时间。

第二十四条　出境的运输工具和人员应在出境前向口岸检验检疫机构报检或申报。

第二十五条　需隔离检疫的出境动物在出境前60天预报，隔离前7天报检。

第二十六条　报检人对检验检疫证单有特殊要求的，应在报检单上注明并交附相关文件。

第七章　附　　则

第二十七条　报检单位和报检人伪造、买卖、变造、涂改、盗用检验检疫机构的证单、印章的，按有关法律法规予以处罚。

第二十八条　司法鉴定业务、行政机关委托及其他委托检验和鉴定业务，参照本规定执行。

第二十九条　本规定由国家出入境检验检疫局负责解释。

第三十条　本规定自2000年1月1日起施行，原国家商检局发布的《进出口商品报验规定》和原国家卫生检疫局发布的《关于对入、出境集装箱、货物实行报检制度的通知》同时废止。

第5章 机场服务质量

知识目标

1. 了解《民航机场服务质量标准》的编制背景
2. 对《民航机场服务质量标准》的内容有一定的了解
3. 了解航班延误与机场的关系
4. 了解现代先进的机场管理系统

能力目标

1. 能够利用《民航机场服务质量标准》提供高质量和高效率的服务
2. 能够更好地处理航班延误问题
3. 能够通过机场质量管理体系提高机场运营效率

为了保证航班正常运行、给旅客提供安心舒适的服务，2006年10月16日，民航总局颁布了《民用机场服务质量》(MH/T5104—2006)，该标准自2007年1月1日起正式实施。《民用机场服务质量》作为行业推荐性标准颁布实施，填补了我国民用机场没有统一的服务质量标准的空白。之后，结合自身的特点和不同地区的情况，一些航空公司对该标准进行了一些修订，成为规范和提升机场服务质量的指导性文件。

本章将从机场服务质量标准入手，培养学生在各种正常与不正常的航空运输情况中为旅客提供高质量的服务。

5.1 机场服务质量产生的背景

5.1.1 编制背景

20 世纪 80 年代以来，全球机场业的商业化、私有化和自由化浪潮给机场管理和运营模式带来了深刻变革。第三方服务提供商对机场业务的参与进一步刺激了机场业的竞争和发展，世界各大机场也都在探索如何实现机场服务质量的标准化与专业化管理，各国政府对消费者利益的保护和机场对消费者服务的承诺进一步加强，从而使行业监管与行业自律变得日益重要。

改革开放 30 多年来，我国国民经济快速增长、综合国力逐渐增强，民航事业也得到了长足发展。截至 2011 年年底，我国内地运输航班机场达到 180 个，其中可起降 B747、A340 等大型飞机的 4E 机场有 25 个，国际机场 30 余个；2011 年，全国通航机场共完成旅客吞吐量 6.21 亿人次，完成货邮吞吐量 1157.8 万吨。随着民航持续快速发展和行政管理体制改革的不断深化，民用机场在商业化和市场化进程中面临的成本、顾客服务、盈利压力增加。

民用机场作为交通基础设施，如何满足日益增长的民用航空市场需求，以人为本，为旅客、航空公司提供优质服务，不断提高服务质量和运营管理水平，是我国民用机场普遍面临的挑战。这不仅关系到机场业自身的发展，也关系到我国由民航大国向民航强国转变的宏伟目标能否顺利实现。

5.1.2 编制缘由

国际性民航组织和机构对机场服务质量标准和评价的研究和实践起步相对较早。国际机场协会（ACI）在对其 120 个会员机场进行普查的基础上，于 2000 年发布了《机场服务质量：标准与测评》（*Quality of Service at Airports: Standards and Measurement*），这是迄今为止较为完整的机场服务质量标准及评价方面的重要文献。国际航空运输协会（IATA）从 1993 年起，在全球国际机场中开展旅客服务质量调查，目前我国内地仅有首都机场和浦东机场两家机场参与了 IATA 服务质量调查。此外，国际民航组织（ICAO）、国际机场管理者协会（IAAE）、航空运输使用者协会（AUC）等组织与机构，都十分关注机场服务质量标准与评价。香港、新加坡、汉城、迪拜等多家国际机场在 IATA 服务质量调查中名列前茅，同时在建立机场自身的服务标准、服务水平协议（SLA）及服务评价体系方面也作了积极的探索。

近几年来，我国部分机场推出了顾客服务承诺、服务标准、服务宪章等，但这些服务标准与承诺大多以机场管理者或运营者自身角度为导向，承诺内容、标准、要求差异较大，并且大多只涉及机场服务的某些方面，不能系统完整地涵盖机场服务的方方面面，缺乏全面性、系统性。各机场按自身的规定或承诺实施服务质量管理，不能进行全面、客观的评价，不利于服务质量的整改和持续改进；同时由于全行业机场的服务水平存在差异，也不利于社会公众和行业的监督，不利于机场服务质量整体水平的提高。

因此，无论从机场自身服务质量管理的角度还是社会公众、政府监督的角度，都需要制定一部统一的、标准化的、适合我国国情的民用机场服务质量推荐性标准，供各机场参照，以促进机场优化资源配置和服务流程，坚持以人为本，与国际水平接轨，规范服务管理，不断提高机场服务质量和运营管理水平，为旅客、航空公司、货主等顾客提供优质的服务。

5.1.3 编制过程

2004 年 5 月，受民航总局机场司的委托，民航机场管理有限公司（CAM）开始编制《民用机场服务质量标准》和《民用机场服务质量评价体系》。2005 年 4 月，民航总局批准该标准和评价体系立项。

在标准编制过程中，民航机场管理有限公司与巴黎机场管理公司（ADPM）、IBM 业务咨询服务事业部等国际著名咨询机构和中国民用航空学院合作，认真总结分析了近年来我国民用航空运输服务工作经验，在借鉴、吸收大量国际、国家和行业标准以及国内外民航企业先进服务质量标准的基础上，运用运筹学、系统工程和数理统计等理论，以层次分析法为基础，以顾客需求为导向，选取关键服务质量表现指标（KPI），确定机场服务质量标准量值，并通过对首都机场、青岛机场、常州机场、天津机场、南昌机场、武汉机场、重庆机场、贵阳机场、九江机场等不同规模机场的调研与试用，在经过反复咨询、深入研讨和科学论证的基础上编制完成了《民用机场服务质量标准》初稿，同时作为标准的配套，配合研发了《民用机场服务质量评价体系》。

标准初稿编制完成后，民航机场管理有限公司先后向民航总局、中国民航协会、首都机场集团公司做了多次汇报，得到了民航总局、中国民航协会、首都机场集团公司领导与业内专家学者的支持、肯定与指导。同时本着实践检验、印证和完善标准体系的目的，该公司于 2004 年 7 月和 9 月对沈阳桃仙机场和大连周水子机场实施了服务质量综合评价，在现场评价基础上，向两机场提交了服务质量评价报告，得到了两机场的充分肯定。随后，该公司又依据本标准体系先后对首都机场集团公司七个省会枢纽 / 干线机场（北京、天津、南昌、武汉、重庆、贵阳、长春）以及六个支线机场（井冈山、赣州、襄樊、恩施、铜仁、兴义）实施了服务质量评价。从对这些机场服务质量的评价来看，评价结果与各机场实际服务管理水平基本相符，各机场也认同评价结果，这印证了本标准的科学性、规范性和实用性。

在标准研发过程中，民航机场管理有限公司还多次召开专题会议，广泛征求了民航总局机场司、首都机场集团公司及各成员机场集团公司、民航总局安技中心、中国机场建设总公司以及业内专家的意见，北京首都国际机场股份有限公司、天津滨海国际机场、江西省机场集团公司、湖北机场集团公司、重庆机场集团公司、贵州省机场集团公司、吉林省机场集团公司等机场都提出了修订意见。2005 年 8 月，在机场司的安排下，该公司专程赴上海虹桥、浦东机场和广州白云机场就本标准进行了交流与研讨，听取意见和建议。该公司充分采纳了有关意见和建议，对标准进行了相应修改，使本标准更加科学和完善。

5.1.4 编制原则及思路

本标准在编制方面，坚持了以下几项原则：

1. 以人为本，以顾客（旅客、航空公司、货主）为导向原则

目前大多数机场的服务标准是根据机场自身运营的需要而制定的。这样的服务标准代表机场的目标和需要，而机场的目标不一定代表顾客的期望或要求；按照这样的标准提供的服务，最终不一定能满足顾客的需要。国内外机场实践经验已表明，如果机场运营者/管理者认为机场提供的服务是优质的，但顾客却不满意，这表明机场制定的服务标准与顾客的期望之间存在着差距。因此，缩小这种差距的途径就是在充分理解的基础上按照顾客的期望/需求来制定服务标准，这对于提高服务水平来说是至关重要的。

本标准不是从通常的以机场运营者/管理者的角度来制定标准，而力求以人为本，从旅客、航空公司、货主等顾客的角度，以顾客的期望/需求和价值判断为视角，以顾客所能感受到和体验到的机场服务范畴为主来设定标准。

2. 科学性和规范性原则

本标准充分借鉴和参考了国际、国家和行业标准以及国内外先进企业的服务标准，力求吸收国际上多年实践积累的先进经验和做法，强调标准的科学性和规范性，与国际接轨。所参考的主要标准包括以下几个。

（1）国际标准（I）

国际标准指 ICAO 、IATA、ACI、FAA 等有关国际或地区性组织发布实施的民用机场服务标准及相关标准，例如：

——国际民用航空公约及系列附件、航行服务程序、地区补充程序、指导性文件等
——ICAO：机场使用许可证颁发手册、机场设计手册、机场规划手册
——ACI：机场服务质量标准及测评
——IATA/ACI：AETRA“明朗天空”旅客服务质量调查
——IATA：机场设计参考手册、机场运行手册、机场发展参考手册、标准地面服务协议
——FAA：机场规划和管理
——SKYTRAX：机场服务调查
（2）国家标准（GB）
国家标准指国家颁布实施的与民用机场服务有关的法律、法规、条例和标准，例如：
——中华人民共和国民用航空法
——中华人民共和国民用航空安全保卫条例
——GB/T 16177—1996　《公共航空运输服务质量标准》
——GB/T 18360—2001　《公共航空运输服务质量评定》
——GB/T 16298—1996　《民用机场环境卫生标准 》
——GB/T 17769—1999　《航空运输集装器的管理 》
——GB 18040—2000　《民用航空机场应急救护设备配备 》
——GB/T 18764—2002　《民用航空旅客运输术语》
——GB/T 18041—2000　《民用航空货物运输术语》
——GB/T 10001　《标志用公共信息图形符号》
（3）行业标准（MH）
行业标准指民航总局颁布实施的有关规定和技术标准等，例如：
——CCAR—139CA—R1　《民用机场使用许可规定》
——CCAR—331SB　《民用机场航空器活动区道路交通管理规则》
——CCAR—339SB　《中国民用航空安全检查规则》
——CCAR—139—II　《民用运输机场应急救援规则》
——MH/T 0001—1997　《民航标准编写规定》
——MH 0005—1997　《民用航空公共信息标志用图形符号》
——MH/T 0012—1997　《民用航空公共信息图形标志设置原则与要求》
——MH/T 1001—95　《民用机场候机楼广播用语规范》
——MH 5001—2000　《民用机场飞行区技术标准》
——MH 5002—1999　《民用机场总体规划规范》

——MH 3145 《民用航空器维修标准》

——MH 5062—2000 《民用机场旅客航站区无障碍设施设备配置标准》

——MH 5023—2002 《民用航空支线机场建设标准》

（4）企业标准（C）

企业标准指国内外一些机场和航空公司现行的先进服务标准、规范、承诺、工作程序、操作规程和质量指标等，例如：

——国际 / 地区机场：香港机场、新加坡机场、汉城机场、迪拜机场、悉尼机场、吉隆坡机场、伦敦机场、巴黎机场、曼彻斯特机场、法兰克福机场、罗马机场、哥本哈根机场、阿姆斯特丹机场、休斯敦机场、奥兰多机场

——国内机场：首都机场集团公司各成员机场，上海机场、广州机场、深圳机场、成都机场、厦门机场、青岛机场、昆明机场、南京机场、沈阳机场、大连机场等

——航空公司：新加坡航、北欧航、美西北航、英航、法航、国航、东航、南航、海航、厦航、深航、上航等

——地面服务公司：新加坡机场终站服务公司（SATS）、中国香港怡中地服公司

3. 系统性与创新原则

（1）服务系统的分析与设计

运用运筹学与系统工程的理论与方法，对民用机场的服务质量链和运营流程进行综合系统分析。本标准以机场服务流程为主线，由通用服务质量标准、旅客服务质量标准、航空器服务质量标准、货邮服务质量标准、行李服务质量标准五部分组成。

（2）关键指标的筛选与分级

对不同顾客来说，流程的具体环节大致相似，顾客能全程体验和感受机场整个服务链的质量水平，因此各环节都应该尽量保证旅客的方便和整体体验。但还是有一些关键的服务环节较大程度地影响着旅客对整个机场的服务感受。因此，本标准通过借鉴标准、服务质量评价实践和综合分析对比，确定机场服务系统中那些有效影响着顾客服务感受的关键服务指标（KPI）。同时运用层次分析法对这些 KPI 指标进行逻辑递延分级，使标准总体框架清晰、逻辑关系明确、指标分布层次合理。例如：“旅客服务质量标准”为一级指标，再层层往下延伸，分解为二、三、四、五级指标。

（3）标准内容体现“五项标准元素”、“两大标准类别”

“五项标准元素”——根据各服务指标的具体情况，可从服务提供者、服务设施设备、服务规范与要求、时间 / 空间 / 效率、信息传递等五个方面进行规范。“服务设施设备”、

“时间 / 空间 / 效率”较多体现了客观或硬性服务质量的要求，尽量淡化服务设计角度，而从满足服务功能、强调设备设施完好率、安全性、便捷性与适用性等角度出发。“服务提供者”、“服务规范与要求”、“信息传递”较多体现了主观或软性管理的要求，强调工作人员基本服务规范、岗位规范、服务态度、服务礼仪、服务资质和准入等。

“两大标准类别”——所有标准可分为两大类，即主观标准和客观标准，两类标准并举。主观标准主要取决于顾客对机场服务表现的主观体验和判断，是定性和不可量化的，如员工服务态度；客观标准是对服务流程关键表现指标（KPI）的量化，是可具体测量的，如时间 / 空间要求。

4. 标准分类原则

截至 2004 年年底，我国内地运输航班机场达到 137 个。由于机场规模存在差异，不同规模的机场为顾客提供的服务标准也不可能一致。因此我们按照机场客流量的大小对机场按照Ⅰ～Ⅵ类进行了划分，并对一些关键指标按不同分类设定了不同的标准。同时考虑到旅客、航空公司对客流量还没有达到相应等级规模的区域枢纽机场和直辖市 / 省会机场的服务质量期望较高，我们将这类区域枢纽机场和直辖市 / 省会机场相应划入了较高等级。

5. 实践原则

本标准的制定为各民用机场的服务质量管理和政府、社会公众对机场的监督提供了科学依据。但是如何根据本标准对机场服务质量进行科学的评价是一个全新的课题，民航机场管理有限公司在制定《民用机场服务质量标准》的同时，也基于标准同步研发了《民用机场服务质量评价体系》，分为顾客满意度评价和管理成熟度评价两部分。

顾客满意度包括客观评价和主观评价。客观评价是根据本标准选取 KPI 指标进行现场测量，评价结果不受主观评判的影响。主观评价主要通过问卷调查等方式来了解顾客对机场服务质量的满意程度，包括旅客调查和航空公司调查等方式。主、客观评价相辅相成、相互印证，评价和统计方法直接与国际接轨。通过对评价结果的统计和相关性分析，从而衡量机场服务质量状况。

管理成熟度评价独立于顾客满意度评价，可以更深入地印证顾客满意度评价的结果，客观全面地评价机场服务管理能力，能帮助被评价机场识别服务管理薄弱环节，提出服务改善的潜力和空间，为决策及管理层提供科学的结论和有价值的信息。

5.2 机场服务质量标准

《民用机场服务质量》共计一级指标5项、二级指标56项、三级指标259项、四级指标470项、五级指标590项、标准962款。本标准适用对象为我国内地民用机场。从对旅客的服务感受和整体体验来讲，机场的服务是一体化的、系统的。因此，本标准不仅规范了机场各个服务环节的质量标准，而且也将航空公司或第三方服务提供商在机场提供的服务中与旅客整体体验相关的服务标准纳入其中。

1. 质量标准中民用机场分类说明

质量标准中对民用机场的分类如表5.1所示。

表5.1 民用机场分类

民用机场分类	Ⅰ类	旅客客流量1000万人次及以上
	Ⅱ类	旅客客流量500万～1000万人次，包括不足500万旅客客流量的区域枢纽机场
	Ⅲ类	旅客客流量100万～500万人次，包括不足100万旅客客流量的直辖市/省会机场
	Ⅳ类	旅客客流量50万～100万人次
	Ⅴ类	旅客客流量10万～50万人次
	Ⅵ类	旅客客流量10万人次以下

2. 标准主要内容

（1）通用服务质量标准

1）与机场全程服务都有关的标准。

2）旅客、航空公司、特许服务商、接机/送客/参观者等顾客在不同程度上共用的服务项目以及与其服务感受有关的标准，包括15项二级指标：进出机场的地面交通服务、航站楼公共信息标志系统、航班信息显示系统、问询服务、公众广播、公众告示、航站楼空间、航站楼舒适度、航站楼清洁度、航站楼旅客运输系统、洗手间、航站楼动力能源系统、航站楼其他弱电系统、办公环境和设施、工作人员等。

（2）旅客服务质量标准

对旅客出发、到达、中转和经停等服务流程的主要环节提出要求，包括15项二级指标：行李手推车、售票服务、联检服务、办理乘机手续、安全检查、旅客登机、旅客到达、旅客中转、旅客经停、零售餐饮服务、头等/公务休息室服务、特殊旅客服务、其他服务、航班不正常服务、旅客意见 / 投诉等。

（3）航空器服务质量标准

针对航空器到达、离站服务流程直接或间接保障的主要环节提出要求，包括 9 项二级指标：飞行区保障服务、地面运行指挥协调、地面运作秩序监管、航空器活动区工作人员、航空器活动区车辆设备、航空器地面保障、应急救援、专机 /VVIP 航班保障、航空公司意见 / 投诉等。

（4）货邮服务质量标准

对货运站服务设施设备、货邮进出港服务流程的主要环节提出要求，包括 11 项二级指标：货运区环境、进出货运站的地面交通服务、货运站流程与容量、货运站服务设施设备、货邮出港、货邮仓储、货邮进港、其他货邮操作、货邮应急救援、货邮查询、服务绩效等。

（5）行李服务质量标准

对行李处理系统、旅客交运、提取行李及行李进出港的主要环节提出要求，包括 6 项二级指标：行李处理系统、行李出港、行李进港、行李中转、行李查询、服务绩效等。

3．我国机场服务标准与国际标准的比较

（1）通用服务质量标准

通用服务质量标准如表 5.2 所示。

表 5.2　通用服务质量标准

标准来源	标　准　描　述	备　　注
指标：　进出机场的地面交通服务——地面交通车辆		
ACI	巴士/出租车等候时间 总能保障 最多等待2分钟 95%的人等出租车少于3分钟 最多等待10分钟 最多等待30分钟	此符号表示该指标有多项标准
曼彻斯特 机场	没有任何旅客等候免费班车的平均时间超过5分钟	
本标准	巴士车下等候时间：　95%的旅客≤10分钟 出租车车下等候时间：　95%的旅客≤3分钟	依据机场调研/评价实测值设定“目标＋标准值”的表述方式
指标：　航班信息显示系统——系统设置		
ACI	稳定性：　在98%的时间内正常工作	
MH	完好率：　在航班保障时间内≥98%	民航部颁标准
上海机场	航显系统、内部查询系统发生宕机 20 分钟内修复，集成系统发生宕机 30 分钟内修复	

续表

标准来源	标 准 描 述	备 注
本标准	完好率：在航班保障时间内≥ 98% 系统故障响应：a. 如发生故障，20 分钟内实施维修；b. 故障期间，提供临时替代方式；c. 有备份方案、应急预案和演练计划	完好率依据 ACI 和行业标准增加系统故障响应标准，人性化
	指标：航站楼空间——航站楼功能区	
本标准	略	依据 ICAO、IATA 的推荐性标准
	指标：航站楼舒适度——楼内空气质量	
本标准	略	依据 GB 标准
	指标：航站楼清洁度——地面	
ACI	地板上的垃圾物数量： 100% 时间内没有灰尘和碎屑 95% 时间内清洁度符合规定标准	
本标准	无尘土、无污渍、干爽、防滑	
	指标：航站楼旅客运输系统	
ACI	设备运行情况：在 98% 的时间内正常工作 修理完成时间： 95% 的故障在 30 分钟内修理，最快反应目标值为 6 分钟 95% 的修理在规定时间内完成	
中国香港机场	捷运系统运作时间内可使用率（每 4 分钟）：98% 对自动行人通道事故回应时间：10 分钟内到达任何位置，目标 96%	
本标准	完好率：在航班保障时间内≥ 98% 紧急维修：发生故障，10 分钟内实施维修，95% 的故障在 90 分钟内完成维修	依据国际标准和多家企业标准，在内地机场实测值基础上设定
	指标：航站楼动力能源系统——紧急维修	
中国香港机场	5 分钟内到达现场，60 分钟内完成初步急修，一天内完成整体修复	
本标准	发生故障，10 分钟内实施维修，95% 的故障在 90 分钟内完成初步急修	依据国际标准和多家企业标准，在内地机场实测值基础上设定

（2）旅客服务质量标准

旅客服务质量标准如表 5.3 所示。

表 5.3　旅客服务质量标准

标准来源	标 准 描 述	备 注
	指标： 行李手推车——数量	
ACI	总能使用 98%时间内有小推车可以使用	
曼彻斯特机场	目标是需要手推车的旅客中98%的人能够获得	
成都机场	保证进出港乘客在每个手推车指定存放点随时取用到完好的手推车	

续表

标准来源	标　准　描　述	备　　注
本标准	a. 98%的时间内有手推车可使用； b. 到达大厅宜配备数量为高峰小时客流量的0.6～1.2倍	依据国际、行业和企业标准设定
	指标： 联检服务	
IATA	入境海关检查： 90%的旅客在3分钟内申报完毕 出/入境边防检查： 90%的旅客在10分钟内检查完毕 高峰小时最长排队时间为5分钟	
ACI	海关和边防等待时间 最多排队2分钟/3分钟/5分钟/10分钟 在高峰期最多等待20分钟/30分钟	
MH	国际机场海关、边检、动植物检、卫检等通关检查服务不断提高效率，减少旅客等候，等候时间不超过30分钟	
新加坡机场	移民与关卡局（ICA）： 属于新加坡公民/居民的旅客通关快捷，时间少于12秒	
中国香港机场	出入境手续： 在正常情况下，92%的旅客在15分钟内办妥出入境手续 海关手续： 旅客在15分钟内办妥海关手续（须进一步检查的旅客除外）	
首都机场	边防检查工作人员不迟于规定时间开台，不出现旅客等检查员现象。在正常情况下，检查一名旅客不应超过45秒，不应出现旅客排长队等候现象	
上海机场	办理一名旅客出入境检查手续时间不超过45秒钟； 出境航班在离港前2小时开始办理边检手续	
本标准	旅客等候海关检查时间： 95%的旅客≤10分钟 旅客等候边防检查时间： 95%的旅客≤15分钟 旅客等候检验检疫时间： 95%的旅客≤5分钟	达不到国际标准 行业标准较笼统，可操作性低 因此结合国内机场实际情况设定
	指标： 办理乘机手续——旅客排队等候时间	
IATA	90%的头等舱、公务舱旅客在3分钟内办理完手续 90%的经济舱旅客在10 分钟内办理完手续	
ACI	最长等待值机时间不超过5分钟 最长等待值机时间不超过12分钟 国际航班95%旅客最长等待值机时间不超过8分钟 国内航班95%旅客最长等待值机时间不超过5分钟	
MH	头等/公务舱旅客排队等候时间不超过计划5分钟 普通舱旅客不超过20分钟	
中国香港机场	90%旅客在 15 分钟内办妥登记手续 值机柜台分配原则： 排队等候办理登记手续时间12分钟； 办理登记手续时间3分钟	
新加坡SATS	办理值机手续标准为不多于10分钟 单个旅客： 操作时间（Service time）<2.6分钟，排队时间（Queueing time）<1.4分钟	
曼彻斯特机场	柜台数目充足，使普通时间95%的旅客、高峰时间80%的旅客的排队等待时间少于3分钟	
首都机场BGS	国际值机头等/公务旅客等候： 不超过5分钟； 25分钟办理普通旅客10名 国内值机头等/公务旅客等候： 不超过10分钟； 8分钟办理普通旅客10名	

续表

标准来源	标 准 描 述	备 注
法航	头等/公务舱旅客等候时间最多不超过3分钟；经济舱旅客最多不超过8分钟	
东航	头等舱：95%旅客≤5分钟 公务舱：95%旅客≤7分钟 经济舱：95%旅客≤10分钟	
本标准	国际/地区航班： 头等/公务：95%旅客≤4分钟 Ⅰ类机场经济舱：95%旅客≤12分钟 Ⅱ类机场经济舱：95%旅客≤10分钟 Ⅲ类（含）以下机场经济舱：95%旅客≤8分钟 国内航班： 头等/公务：95%旅客≤5分钟 Ⅰ类机场经济舱：95%旅客≤14分钟 Ⅱ类机场经济舱：95%旅客≤12分钟 Ⅲ类机场经济舱：95%旅客≤10分钟 Ⅳ类（含）以下机场经济舱：95%旅客≤8分钟	达不到国际标准 行业标准较低，已不适宜 因此结合机场分类，依据企业标准和国内机场实测值折中设定
	指标：安全检查——旅客等候安检时间	
IATA	90%～95%的旅客在3分钟内检查完毕	
ACI	等待时间不超过3分钟/4分钟/5分钟 少于20人排队 95%的旅客等待时间不超过5分钟 90%的旅客等待时间不超过10分钟 排队超过20分钟，将作记录 排队超过10分钟，将作记录，而目标值为每周少于7个记录	
MH	旅客等待安检时间不超过18分钟	
美国机场	对世界61个机场的服务测量显示：美国机场平均等候安检时间为13分钟，而美国之外的机场平均等候安检时间为8分钟	来源：J.D.Power and Associate USA
中国香港机场	在正常情况下，旅客及手提行李检查在4.5分钟内完成	
曼彻斯特机场	国际安检按现行安全规章，95%的旅客，高峰时80%的旅客排队时间少于5分钟	
首都机场	航班正常情况下，旅客等待安检时间不超过10分钟。高峰和非高峰时段等待的平均时间不超过10分钟（100%不超过12分钟，90%不超过8分钟）	
厦门机场	非高峰时段95%的旅客过安检候检时间不超过9分钟；航班高峰等特殊时段，旅客候检时间不超过16分钟	
南京机场	正常情况下，旅客在安检待检区排队等候安检的时间不会超过 12 分钟	
国内较多机场	正常情况下，旅客等待安检时间不超过18分钟	
本标准	国际/地区航班： Ⅰ类机场：95%旅客≤10分钟 Ⅱ类机场：95%旅客≤8分钟 Ⅲ类机场：95%旅客≤6分钟 Ⅳ类（含）以下机场：95%旅客≤5分钟 国内航班： Ⅰ类机场：95%旅客≤12分钟 Ⅱ类机场：95%旅客≤10分钟 Ⅲ类机场：95%旅客≤8分钟 Ⅳ类（含）以下机场：95%旅客≤6分钟	达不到国际标准 行业标准较低，已不适宜 因此结合机场分类，依据企业标准和国内机场实测值折中设定

续表

标准来源	标准描述	备注
	指标：旅客登机——经靠桥位登机旅客比率	
ACI	90%～95%的旅客通过靠桥位登机	
中国香港机场	95%的旅客经登机桥登机或下机	
曼彻斯特机场	任何一年中最多有5%的旅客从远机位登机	
本标准	宜≥80%（年统计数）	达不到国际标准，依行业监督要求和国内机场实际情况设定
	指标：旅客中转——衔接时间（MCT）	
ICAO	中转处理时间（含值机服务）的目标值为60分钟	
IATA	国内—国内：35～45分钟 国内—国际：35～45分钟 国际—国内：45～60分钟 国际—国际：45～60分钟	
曼彻斯特机场	国内—国内：30分钟（允许的最长时间） 国内—国际：45分钟 国际—国内：45分钟 国际—国际：45分钟	
其他欧洲机场	巴黎机场：45～75分钟 阿姆斯特丹机场：50分钟 伦敦机场：45～90分钟	
新加坡机场	新航衔接新航或新航衔接胜安航空公司：45分钟 其他航空公司：60分钟	
本标准	国内—国内：≤60分钟 国内—国际：≤90分钟 国际—国内：≤90分钟 国际—国际：≤75分钟	达不到国际标准 依据企业标准和国内机场实际情况设定
	指标：旅客意见/投诉	
ACI	7天内回复投诉 本月内回复投诉 100%的顾客投诉信在收到后的2个工作日内回复 85%的投诉在15日内回复 92%的投诉在14日内回复	
中国香港机场	机场管理局一般在14个工作日内给予确切回复	
新加坡SATS	表扬与投诉比率：3∶1 顾客在7天内应得到高品质回应	
本标准	投诉回应： 每件有登记和回应； 95%的投诉在7个工作日内回应 需深入调查取证的投诉在14个工作日内回应	体现以人为本 综合考虑而定

（3）航空器服务质量标准

航空器服务质量标准如表5.4所示。

表 5.4 航空器服务质量标准

标准来源	标 准 描 述	备 注
指标：航空器地面保障——机场航班放行正常率		
MH	≥98%	
新加坡SATS	可控航班延误率：≤3.06架次/1000出港航班架次	
奥兰多机场	机场原因出港航班延误率≤0.5% 机场整体出港航班延误率≤17%	
本标准	≥98%（非机场原因除外）	依据MH

(4) 货邮服务质量标准

货邮服务质量标准如表 5.5 所示。

表 5.5 货邮服务质量标准

标准来源	标 准 描 述	备 注
指标：货邮出港——收货区/货车站台排队等候时间		
香港机场	95%的情况下≤15分钟	
上海机场	交货卡车排队时间≤30分钟	
本标准	95%的情况下宜≤20分钟	依据国际、国内机场标准和实测值折中设定
指标：服务绩效——货物差错率		
GB	≤年货运业务量的万分之二（票/票）	
MH	机场货物发运、接收差错率≤0.2‰	
中国香港机场	货物处理失误率：每10 000批货物中不超过1.5次 货物接收时间：15分钟内，95% 货物提取时间：30分钟内，95%	
新加坡机场	货物误理率≤1.3‰（每10 000票货物）	
首都机场BGS	货物误理率≤0.2‰（每10 000票货物）	
海口机场	机场原因货物发运、接收差错率不超过万分之二（吨）	
本标准	≤年货运业务量的万分之二（票/票）	依据MH

(5) 行李服务质量标准

行李服务质量标准如表 5.6 所示。

表 5.6 行李服务质量标准

标准来源	标 准 描 述	备 注
指标：行李进港——行李提交时间		
IATA	90%的头等舱/公务舱旅客在下机后12～15 分钟（窄体机）或15～18分钟（宽体机）内领取到行李；90%的经济舱旅客在下机后20～25分钟（窄体机）或30～40 分钟（宽体机）内领取到行李	

续表

标准来源	标准描述	备注
ACI	第一件行李：在飞机挡轮挡后15分钟；最后一件行李：95%的情况下在飞机挡轮挡后25分钟。 最长行李提取时间：飞机到达后20分钟	
GB	第一件行李应在20分钟内交付给旅客，全部行李应在1小时内交付完毕	
中国香港机场	航机抵达闸口后，96%的首件行李在20分钟内运抵行李认领处，而98%的最后一件行李在40分钟内运到	
新加坡机场	94%的第一件行李：12分钟； 最后一件行李：（6集装箱及以下）25分钟，目标98%；（7集装箱以上）29分钟，目标90%	
曼彻斯特机场	国际航班：90%的首件行李在飞机到达后20分钟内交付；90%的末件行李在35分钟内交付。 国内航班：90%的首件行李在飞机到达后12分钟内交付；90%的末件行李在15分钟内交付	
英航	第一件行李应在挡轮挡15分钟内，到达进港行李大厅传送带上	
首都机场BGS	第一件行李10分钟（远机位13分钟），正点提交率95%；最后一件行李35分钟，正点提交率95%	
厦门机场	进港航班第一件行李12分钟内交付旅客，全部行李25分钟内交付旅客；头等舱和公务舱旅客行李优先提取	
本标准	第一件行李12分钟（挡轮挡后）；正点提交率≥95% 最后一件行李： E类航空器≤5分钟（挡轮挡后） D类航空器≤30分钟（挡轮挡后） C类航空器≤25分钟（挡轮挡后） B类（含）以下航空器≤20分钟（挡轮挡后） 正点提交率≥95%	达不到国际标准 GB标准太低，已不适宜 因此结合航空器分类，依据企业标准和国内机场实测值折中设定
	指标：服务绩效——行李差错率	
ACI	20‰的行李误理率 4‰的行李误理率 1.5‰的行李误理率	
GB	≤年行李业务量的万分之二（件/件）	
MH	行李发送、接收准确无误，差错率不超过万分之一	
中国香港机场	受行李处理系统影响之出港行李不超过万分之零点四五（行李件数/出港及中转旅客数）	
新加坡机场	行李误理率≤0.1‰	
首都机场BGS	行李误理率≤0.012‰	
海口机场	行李发送、接收准确无误，差错率不超过万分之一	
厦门机场	行李分拣差错率不高于万分之零点三	
本标准	≤年行李业务量的万分之一（件/件）	依据国际标准、GB及国内大多数机场情况而定

注：a．以上所列部分机场承诺的服务标准，可能已更新；

b．主要选取部分关键时间指标进行对比分析；机场实测值略。

5.3 服务水平协议

服务水平协议（Service Level Agreement，SLA）是一种由服务供应商与用户签署的法律文件，其中承诺只要用户向服务供应商支付相应费用，就应享受到服务供应商提供的相应服务质量。此概念最早运用于通信科技，现在在服务行业也有了广泛的应用。

在航空业当中，机场的主要合作对象是航空公司。在合作中，一方面航空公司给予使用费用后机场应当提供等价的服务，另一方面旅客对承运人的满意度和机场为其提供的服务也是息息相关的，因此，航空公司和机场之间可以通过签署“服务协议”来协调解决。

1. 服务水平协议在航空业中的发展

20世纪90年代，英国机场集团公司开始在英国采用并发展“服务水平协议”，1999年（英国伦敦的）希斯罗机场、盖特威克机场及斯坦斯特机场与英国航空公司签订了“服务水平协议”。这些协议是基于最低服务水平的单边协议。尽管这些协议只是英国机场集团公司与英国航空公司之间谈判的开始，但它为机场与航空公司之间发展双边协议打下了坚实的基础。

90年代后期，曼彻斯特机场开始实施“服务水平协议”，虽然由于众多的原因，曼彻斯特机场服务水平协议不是很成功，但在2002年曼彻斯特机场发展出了一种新型的激励服务协议——通用服务标准（GSS）。GSS的目标有两个：一是跟踪服务活动；二是如果机场服务协议没有达到航空公司的满意度，可为建立适当的折扣体系提供一个框架性结构。

现在，香港、樟宜、仁川等机场都建立了各自的服务水平协议（SLA）及评价体系，并多次在国际性服务质量调查中名列前茅。

2. 服务水平协议在我国的发展

随着我国机场管理体系的发展和完善，不仅很多航空公司和机场之间签订了相应的协议，并且地方政府和机场之间也有一定的协议，以确保机场服务的质量和效率。而在《民用机场服务质量》中考虑到对于客户来讲，机场的服务是一体化的、系统的，因此，标准中将第三方在机场为客户（旅客、货主、航空公司）提供的服务也纳入其中予以统一规范。

5.4 航班的延误程度

测量机场服务质量的一个非常关键的指标就是航班的延误程度。根据造成延误的原因之不同，航班延误可分为合理延误和不合理延误。据民航总局统计，造成航班延误的原因包括 21 个因素，其中，因天气原因导致本次航班及后续航班延误占延误航班总量的 15.8%，流量控制原因占 24.1%，机务原因占 8%，机场原因、联检原因、航行保障原因等占 32%。由承运人所无法控制的因素，如天气、空中管制、流量控制、突发事件、安检原因等造成的航班延误，属于合理延误。而因航班调配、机务维护、航行物资保障原因、机组人员原因所造成的延误，承运人应当预见并可以避免，故属于不合理延误。

1. 航班延误与机场管理

导致航班延误的因素有很多，故并不是每一个航班都能准点起飞和降落，当机场的实际吞吐量接近理论最大吞吐生产能力时，其中一个架次的航班延误可能会产生连锁反应，造成多个架次的飞机延误。因此，一个机场有多余的跑道容量对于解决航班延误问题是非常有利的。

如果机场没有足够可用的机架，那么抵达机场的飞机由于不能卸货，不得不较长时间占据机场的滑行道。此外，航空公司在编制其航班时刻表时，必须考虑机场跑道的容量以及可能的排队等候时间，这样才能使航空公司在机场的航班高峰期保持一个相对稳定的航班准点率。当然，长期来讲，机组人员可利用时间的减少会增加航空公司的运营成本。

2. 措施

（1）预防措施

1）预订机票时使用民航资源网数据分析中心的“航线运力数据分析系统”提前查询航线航班历史准点率信息，尽量选择预订历史准点率较高的航班机票。

2）使用“非常准”等网站的航班延误智能预报、航班不正常跟踪服务。

3）关注天气措施，出发当天及时与航空公司及机场的问询处取得联系。

4）投保航班延误保险。

（2）善后措施

1）及时要求改签其他航班。

2）要求提供餐食（处于用餐时间）与住宿（延误 6 小时并晚至凌晨 0 点后）。

3）向航班延误保险的承保人要求赔偿（在符合条件时，一般为延误 4 小时以上）。

4）向承运的航空公司要求赔偿（在符合条件时，一般为延误 4 小时以上）。

5）不可罢乘、霸机，否则可能受到警方的治安处罚。

5.5 机场服务质量的管理*

越来越多的机场认识到，服务质量的测度只是全面质量管理系统中的一个环节。改革开放以来，随着我国航空运输的持续快速发展和民航改革的不断深入，我国民用运输机场在建设、管理、改革和发展等方面取得了很大成绩。不仅运输机场的数量大幅增加，从改革开放初期的70个发展到2007年年底的152个，而且全国机场的业务量也始终保持着两位数的增长。但是，与民航的其他方面一样，机场的改革与发展也并非一帆风顺，同样遇到了这样那样的问题与困难，尤其是在体制机制方面伴随着客观情况的变化出现了一些不利于机场科学、可持续发展的因素，机场管理模式就是其中之一。

我国机场现有的管理模式包括：国和地联合体拥有，国（地）下属机构营运；国和地以及可能的私联合体拥有，公共或私人所有的公司通过管理协议负责营运；国和地联合体拥有，作为一个自主的机场运营；国和地占多数，少数私人股东的联合体拥有，不公开交易股票，作为一个自主的机场运营；同上，但是有部分股票公开交易；私全部或大部分拥有，不公开交易股票，作为一个自主的机场运营；私全部或大部分拥有，部分股票公开交易，作为一个自主的机场运营。中国机场管理体制：民航总局和地区管理局直接管理，地方政府管理，中央和地方实行股份制管理，航空公司也可以投资控股机场。

1. 借鉴国外管理模式

（1）美国

1）机场定位。美国政府对机场的定位是为公民提供航空旅行服务的公共交通设施。机场管理机构一般为政府设的机场当局（Airport Authority），属于公共实体（Public Entity），负责运营管理机场，不以营利为目的。

2）机场建设投资来源。美国机场的建设投资主要有两个渠道：一是联邦政府和各级地方政府的投入，约40%。政府的投入主要来源于财政预算、机场及航路信托基金和旅客设施费。二是免税债券。美国的机场在筹建机场建设基金时，法律规定可以发行免税债券，这部分资金占45%左右。需要机场自筹的建设资金平均只占5%左右。由于机场建设投资主要来源于政府，所以美国的运输航班机场绝大部分为各级政府拥有。据国际机场协会北美分会统计，美国前100位运输航班的所有权是：市政府拥有占40%，地方政府联合拥有占23%，县政府拥有占15%，州政府拥有占9%，政府有关部门拥有占4%，其他机构拥有占9%。

3）机场运营管理。美国机场的运营管理主要有两种方式：一种是政府部门直接管理机场，另一种是由政府组建独立的机场当局负责机场的运营管理。

机场的运营管理一般采用董事会监督当局的方式。董事会成员由政府任命，负责制定机场长远发展目标和相关政策，并监督机场当局执行。机场当局主要负责机场运营、执行董事会的决策、提出建议及向董事会报告运营情况等。机场当局一般不直接经营机场的各项业务，机场的经营业务大都采取特许经营的方式由专业化公司经营，或由航空公司经营。机场当局制定标准并通过合同来约束、监督这些专业化公司的经营行为。机场在效益方面要保持收支平衡，可以有盈余，但盈余只能用于机场自身建设和发展，不能投资到其他方面。如果机场有盈余，机场就要降低向航空公司收取的起降费。如果机场亏损了，除了政府补贴外，机场还可以提高起降费等收费标准。

4）政府监管。在美国，机场当局负责机场的运营管理，自身不履行政府的监管职能。政府对机场的监管由美国联邦航空局及其下属的地区管理局负责，主要对机场的安全、运行以及政府资金的使用等方面进行监督与管理。除了履行监管职能外，联邦政府和地方政府对机场在改善安全、容量、噪声、地面交通以及运行费用等方面的资金投入进行扶持。

(2）英国

英国将机场分为三种：民用机场、军用机场和政府机场。其中民用机场又分为持证机场和非持证机场。向公共运输和飞行训练开放的必须是持证机场，这样的机场在英国大约有 140 个。英国机场主要有两种管理模式：一是私有化管理，一是政府管理。英国是机场私有化最早的国家，英国机场集团（BAA）是机场私有化的代表，BAA 拥有 7 个成员机场，包括伦敦希斯罗机场。2006 年，西班牙 Ferrovial 集团收购了 BAA83% 的股权，随后 BAA 宣布从伦敦交易所退市。曼彻斯特机场集团是英国机场政府管理的代表，管理 3 个成员机场，机场集团由大曼城市和下属的各个地方政府共同持股拥有，大曼城市拥有 55% 的股权，其他 9 个地方政府各持股 5%。

英国将机场定位为国家的重要基础设施，但允许私人投资兴建并拥有机场。对没有私有化的机场，政府在建设投资、运行补贴等方面仍然予以扶持。例如，曼彻斯特机场的建设和发展，得到了当地政府在各方面的大力扶持。对已经私有化的机场，地方政府也会给予一定的支持。如伦敦城市机场，是由私人投资兴建的机场，政府对其使用的土地给予很大的优惠，而且在政策方面也进行扶持，例如对从该机场往返于欧共体国家的商务旅客免予海关验关，提高了该机场对商务旅客的吸引力。

在机场运营管理方面，BAA 较具代表性。BAA 集团持有希思罗机场 100% 的股权。2006 年，BAA 宣布从伦敦交易所退市，希思罗机场成为单一的私有股权结构。Ferrovial 集团作为希思罗机场的控股大股东，实施战略管控，不参与机场的实际运营，通过董事会对

BAA 实施管控，BAA 负责运营管理属下的成员机场。BAA 下属子公司的管理人员由 BAA 集团董事会任命，负责各分子公司及机场的日常业务。对于机场的各种业务，BAA 采取三种运营方式：一是自己经营管理，如安检、问询、航班显示系统等；二是实施特许经营，如地面服务、配餐、航油、零售、停车场、餐饮等；三是提供设备、设施给相关部门，如空管、公安、边防、海关等。从希思罗机场的情况看，机场私有化也带来了机场利用垄断地位谋利、忽视机场作为公共服务设施提供服务等问题。

(3) 法国

法国现有运输航班机场 120 个（包括海外属地 6 个机场），大部分由国家国有或国有控股公司拥有。

在法国，对于吞吐量不同的机场，政府承担机场的建设投资情况也不相同。年旅客吞吐量低于 30 万人次的机场，由地方政府负责全部建设投资，并且补贴部分运营费用；吞吐量在 30 万～150 万人次的机场，地方政府承担部分建设投资；吞吐量高于 150 万人次的机场，政府不再负责机场建设投资。

机场的经营管理，以巴黎机场公司（ADP）为例，实行董事会制度管理机场。ADP 由国家控股 68.3%，国家在董事会中占绝大多数席位。国家在机场的规划发展、配套设施等方面大力支持 ADP。ADP 负责管理大巴黎地区 14 个机场，并直接运营管理巴黎戴高乐机场。

政府对机场的管理方式有三种：一是由政府直接管理，通常为中小型机场；二是由特殊的公共企业管理，如巴黎机场公司和巴塞尔—牟罗兹机场公司；三是政府负责监督机场运营，投资机场建设，直接监督机场管理机构、机场承包经营商和地面服务代理企业，提供空管服务。机场的安全监管由交通部民航局负责，主要通过审查颁发机场许可证以及后续管理实施监管。

(4) 新加坡

新加坡有樟宜机场和实里达通用机场两个民用机场。

樟宜机场由新加坡民航局所有，机场建设投资也由民航局负责筹措。樟宜机场一期建设，政府投资了 13 亿美元；1995 年机场扩建时，政府拨款 5.9 亿美元；1999 年建设第三航站楼及其设施时，政府又投资了 17.5 亿美元。

新加坡民航局没有组建单独的机场管理机构管理机场，而是由民航局内设的一些部门直接负责樟宜机场的运行和管理。因此，新加坡民航局既是新加坡民用航空事务的行政主管部门，又直接管理樟宜机场。按照我国的说法，是典型的政企合一的模式。最近，新加坡民航局正计划把机场从民航局分离出来，成立一个单独的机构，并且将机场企业化。

在机场运营管理方面，樟宜机场只负责飞行区的管理，不参与营业性业务，而是将这些业务采取特许经营权或者专营权的方式委托给一些专业公司经营。其中，机场的商业活动实施特许经营，地面服务等业务采取专营权的方式。对于所有专营商，包括新加坡航空公司下属的地面服务公司，都收取专营权费。机场主要通过合同约定对各专业化公司进行监督和管理并收取特许经营费。

2. 发展方向

（1）明确机场定位

近年来，民航行业内乃至行业外相关部门、机构都逐渐认识到机场的正确定位对于机场建设、运营、管理、改革、发展等各方面具有至关重要的作用。

机场的定位包括两个方面：首先是对机场本身的定位；其次是按照机场本身的定位和属性，对运营与管理机场的组织，即机场管理机构的定性。

1）对机场本身的定位。机场是一个区域，《中华人民共和国民用航空法》指出："民用机场，是指专业供民用航空器起飞、降落、滑行、停放以及进行其他活动使用的划定区域，包括附属的建筑物、装置和设施。"

对机场的定位就是明确这个区域的公共属性。2006 年民航总局下发的《关于深化民航体制改革的意见》（民航局红头文件）指出：机场是公益性基础设施。2009 年 4 月 13 日国务院颁布的《民用机场管理条例》第三条明确规定："民用机场是公共基础设施。各级人民政府应当采取必要的措施，鼓励、支持民用机场的发展，提高民用机场的管理水平。"该《条例》的颁布实施，首次从法律层面明确了机场的公共属性，这将有利于机场争取国家、民航以及地方政府更多的支持和更有利的发展环境。

2）对机场管理机构的定性。机场管理机构是法人组织，《民用机场管理条例》第十五条规定："运输机场的安全和运营管理由依法组建的或者受委托的具有法人资格的机构（以下简称机场管理机构）负责。"

对机场管理机构的定性是指将这个组织定性为企业还是事业，抑或其他性质的组织。目前我国相关法律法规中并没有对机场管理机构进行明确的定性，2002 年国务院 6 号文件批准的《民航管理体制改革方案》中曾经提出："机场下放后，原则上以省（区、市）为单位组建机场管理公司，实行企业化经营。"民用机场属地化管理之后，大部分机场注册为公司以企业形式运行，并且有些已经在内地或香港上市，有些已与香港或国外资本合资。同时也有一小部分机场管理机构定性为事业单位，采用事业单位的管理模式。因此对机场管理机构的定性要充分考虑到我国机场运营模式的多样性这一特点。不管是定性为企业，还是定性为事业单位，关键是要将机场是公共基础设施这一性质体现出来。

从法律的角度看，既然机场已经定位为公共基础设施，那么一定程度上也就决定了机场管理机构是为社会公众提供普遍服务的组织，因此机场管理机构无论采取何种组织形式都需要也可以获得政府的支持，这在其他公共服务行业都有体现。城市公交、天然气供应、自来水供应等行业中提供社会公共服务的组织，即使定性为企业，政府依然在资金等方面进行扶持。比如北京公交控股（集团）有限公司是国有企业组织形式，主要负责运营北京市的公交业务，其运量占全市地面公交的82%，公益性质突出，因此北京市政府每年都要通过评估公司对该公交公司的财务报表进行核算，确定补贴额度。该公司作为公用性企业得到了北京市政府的大量财政补贴，尤其在近几年，北京市财政对公共交通的补贴力度不断加大，2007年用于公共交通的支出达62亿元，其中地面公交56.6亿元，地铁5.4亿元；2010年用于公共交通的支出达13亿元。公共交通的财政补贴主要用于票价补贴、扩大线网覆盖范围的补贴、车辆更新补贴；燃油价格上涨的补贴四个方面。

由此可见，只要确定了机场管理机构是从事公共服务的组织，无论是企业还是事业单位都可以根据实际情况在机场建设投资、运行亏损以及其他方面得到政府资金的政策支持。特别是中小机场，公共性质尤为突出，即使采取的是企业组织形式，中央和地方政府亦应制定相应的政策进行扶持，并从制度上予以保证。

（2）充分发挥地方政府的作用

2002年机场实行属地化管理的一个主要目的是充分调动地方政府投资建设机场的积极性，充分发挥地方政府在机场建设、运营、管理、改革、发展等方面的作用。

机场属地化管理以后，部分地方政府在一定程度上加大了对机场的关注和支持力度，但并不是所有地方政府的积极性都调动起来了，地方政府的作用还没有充分发挥出来。主要原因有两个方面：一是部分地方政府还没有充分认识到机场对促进地方社会经济发展的重要作用。由于机场的效益不好，被看做是一个包袱，因此把机场交给别的省份的机场公司管理，或者交给航空公司管理，降低了本省各级政府建设和发展机场的积极性。二是有些地方虽然自己管理机场，但没有认识到机场的公益属性和公共基础设施的特性，把机场作为一个普通企业看待，按照一般企业来考核管理机场，机场建设政府不投入资金，机场运行亏损政府不想办法解决。

因此，作为行业主管部门，民航局要借助《民用机场管理条例》的颁布实施，加大宣传力度，引导地方政府充分认识机场的公共基础设施性质，认识机场对地方经济社会的贡献与效益，提高地方政府对机场建设与发展的责任意识，避免从纯企业的角度评价机场的作用与机场管理机构的管理业绩。另一方面，促进地方政府完善相关的法律法规，研究建立地方政府管理机场的法律制度和扶持机制，提高地方政府投资建设机场和促进机场发展的主动性和积极性。对于机场建设投资，应当重点研究解决当前存在的资本金比例偏低、部分地方政府投入少或承诺投入不到位等问题。对于机场经营亏损，地方政府应当采取财政预算的方式予以补贴，从机制上保证机场作为公共基础设施能够得到地方政府应有的财政扶持。当然，西部一些省份，地方财政困难，机场建设和运营亏损资金缺口大，当地政府有困难，中央财政应当进一步加大资金补贴额度，并在管理和专业人才方面加大支持力度。

(3) 维护民航市场的公平性

国务院赋予民航局的一项职责是对航空运输市场的监督与管理。市场监管的基本要求是维护市场的公平、有序和竞争。航空公司管理机场，首先涉及的是公平性问题。《国内投资民用航空业规定》明确，航空公司可以投资管理省会城市以及深圳等16个城市的机场，但持股比例不能超过25%，对于其他机场则没有限定持股比例。《国内投资民用航空业规定》之所以要限制航空公司对这些机场的持股比例，主要目的是不鼓励一家航空公司控制或管理一个大中型机场，以防止垄断和不正当竞争，避免航空公司利用其出资人权利操作控制机场而损害其他使用该机场的航空公司的权利，保证市场公平和有序竞争。但从这几年的实践情况看，航空公司投资管理机场以后能否保持机场的公平性，不在于航空公司持有多少股份，而在于航空公司参股机场后是否实际影响了机场的管理政策。如果一个航空公司参股机场后能够实际影响机场的管理政策，在目前民航有关市场管理的规则还不完善的情况下，则无法从制度上、机制上保证市场的公平性。因此航空公司不宜投资参股机场，尤其是大中型机场。

另外，1987年民航改革时把机场和航空公司分离，主要目的是适应机场经济的发展要求，按照市场规律和民航市场的分工将两者分开。作为民航分工不同的两大市场主体，机场和航空公司分离运营符合民航市场发展需要。在世界航空发达国家，航空公司拥有或者管理大中型机场的情况也非常少。因此，从遵循市场规律、维护民航市场公平性的角度看，航空公司不应拥有、管理或者实际控制大中型机场。当然，航空公司在机场建设自己的专用航站楼、站坪、货站等设施，应当予以鼓励。

(4) 关于机场合资和上市问题

机场合资或者上市的主要目的有两个：一是拓宽机场的融资渠道，筹建机场建设资金；二是引进合资方的经营管理经验或者上市公司比较规范的公司治理结构和管理制度，提高机场的经营管理水平。

但考察近几年的机场合资与上市实践，从国家利益和国内机场自身的利益看，大型机场合资或上市存在以下几方面问题。

一是按照国家鼓励外商投资的指导原则，在民用机场领域，应当鼓励外商投资融资能力弱、经营管理水平较低的中小型机场。但实践中投资方青睐的大多是融资能力较强、管理水平较高、发展形势较好的大型机场。目前已经与境外资本合资的几家机场和上市的几家机场均为能够盈利和有发展前途的国内大型机场，而且我国航空运输正处于飞速发展的大好时期，可以说，合资方或上市公司的境外股东是在国内机场的快速发展时期选择了对国内发展潜力巨大的机场进行投资。

二是合资与上市机场容易忽视机场的公益属性和所负担的社会责任。这突出表现在机场的改扩建、机场的安全投入以及机场承担必要的公共责任方面。由于投资者投资机场最大的目的是要获得投资回报，在经济效益与社会效益之间更注重经济效益，容易出现在机场改扩建时或者不投入，或者只注重投入经济效益好的项目，甚至对安全设施投入不积极。机场是公共基础设施，最主要的功能是提供公共服务，不是单纯追求投资回报的工具。因此，机场合资或上市会造成股东的经济利益与机场的公益属性产生冲突，导致机场在实际运营中忽视机场的公益属性和所应担负的社会责任。

三是机场合资或上市的都是航站楼等机场优质资产，飞行区、公用设施等不具备经营性的资产都留在机场集团公司。机场集团公司是国有企业，从某种意义上讲，存在国有资产流失的问题。

四是机场作为重要的公共基础设施，国家在建设投资、运行补贴、土地使用等方面均给予扶持，但是机场合资或上市后，在落实这些扶持政策时遇到了一些障碍，包括政府资金怎么投入，机场建设划拨的土地怎么使用等。例如，在杭州萧山机场的二期扩建问题上，香港机场就明确表示不再投资，但又不同意股权比例发生变化，因此在扩建用地、国家资本金投入方面出现很大的障碍。

五是对于合资的机场，在涉及国家安全、救灾等特殊情况时，由于理念和国情不一样，在统一调动资源、应急响应等方面会产生一些问题。

由于机场的合资与上市运作与机场本身的一些固有属性相矛盾，因此在世界民航发达国家，机场上市的情况也不很多。英国机场集团 BBA 是机场上市的代表，但 2006 年西班牙 Ferrovial 集团收购 BAA 集团 83% 的股权后，BBA 随即从伦敦交易所退市。因此，建议民航局及时研究修订与此相关的行业策略和规定，对大型机场的合资或上市予以引导和规范。

(5) 机场运营管理模式的选择

从机场属地化以后各机场的实践情况看，在六种机场运营管理模式中，跨省机场集团虽然有构建区域机场的网络体系、优化地区航空运输资源、促进所属机场管理水平提高的优势，但这种模式的最大弊端是减弱了当地政府对机场发展的责任，在跨省之间公共基础设施投资、集团规模效应发挥等方面也存在明显的不足。航空公司管理机场，容易形成航空公司对机场管理决策的实际影响，从而影响机场作为公共基础设施的公平性，同样也不能调动地方政府的积极性，尤其是大中型机场，弊多利少；省会机场公司模式不利于发挥省会城市建设发展机场的积极性，同时省内其他机场难以获得省会机场的带动，生存、发展困难。因此，建立机场集团，将全省所有机场统一管理，总体上利大于弊，这既与2002年国务院6号文件的精神相一致，也比较符合当前我国机场的实际情况和发展需要。另外，目前由市政府直接管理的计划单列市的机场、运营、管理比较顺畅，发展情况良好，可以继续保持这种模式。

(6) 维护和促进行业和谐发展

从调研的情况看，在我国大中型机场的运行中，机场管理机构与航空公司的运营关系还不顺，特别是大型机场，在地面服务业务经营等方面相互竞争，一定程度上影响了民航市场的公平竞争、行业的整体运行效率以及和谐发展。民航要实现全面、协调、可持续发展，理顺机场和航空公司的运营关系是一个重要方面。

首先，应当制定完善相关的法律、法规、规章，依法明确各自的分工和职责，规范各自的行为，按照市场原则，消除双方的利益竞争，建立一种新型的、和谐的运营关系。对于地面服务业务经营问题，《民用机场管理条例》第三十八条已经做出规定："机场范围内的零售、餐饮、航空地面服务等经营性业务采取有偿转让经营权的方式经营的，机场管理机构应当按照国务院民用航空主管部门的规定与取得经营权的企业签订协议，明确服务标准、收费水平、安全规范和责任等事项。对于采取有偿转让经营权的方式经营的业务，机场管理机构及其相关企业不得参与经营。"因此，建议民航局抓紧研究制定这方面的管理规章，细化有关规定，对地面服务业务的经营权转让予以规范。

其次，要转变机场的经营机制。世界航空发达国家和地区的机场，大部分采取管理型的机场运营模式，机场管理机构不直接从事机场经营性业务，而是通过特许经营或者专营的方式委托给航空公司或者专业公司来经营，机场管理机构收取特许经营费，并且监督这些专业化公司的安全、服务、收费以及经营行为。例如，新加坡的樟宜机场和我国的香港机场采用的就是这种运营模式。采取这种模式，一方面利用这些专业化公司的专业优势和高效率，提高了整个机场的运行效率，降低了运行成本，还能通过专业公司的相互竞争实现为旅客和航空公司提供优质服务的目的。另一方面，机场管理机构的利益也通过收取特许经营费得到保障，樟宜机场和香港机场的管理、服务包括效益在世界上连续多年位居前列，与这种管理型模式密不可分。作为一种探索，2004年民航总局提出借鉴国外机场的做法，通过机场特许经营的办法，在保证机场合理利益的条件下，机场管理机构从部分直接经营的业务中退出，实现从直接经营型向管理经营型的转变。机场管理机构变成一个真正的管理者，为机场内的所有业务主体提供一个协调、有序、公平的运营平台，以此理顺各方关系，营造公平竞争的市场环境，实现机场、航空公司以及地面服务商和谐共存、共同发展。但是，由于认识不一致、利益调整等原因，近年来开展机场特许经营试点、推进大中型机场向管理型转变的工作进展不大。大中型机场采取“管理型”运营模式是世界航空发达国家和地区比较通行和成熟的模式，也是我国大中型机场发展的方向。因此，建议民航局从促进行业和谐发展的角度，继续推进这项工作。

小结与练习

本章小结

国际性民航组织和机构对机场服务质量标准和评价的研究和实践起步相对较早。国际机场协会（ACI）在对其 120 个会员机场进行普查的基础上，于 2000 年发布了《机场服务质量：标准与测评》(*Quality of Service at Airports: Standards and Measurement*)，这是迄今为止较为完整的机场服务质量标准及评价方面的重要文献。

2006 年 10 月 16 日，民航总局颁布了《民用机场服务质量》(MH/T5104—2006)，该标准自 2007 年 1 月 1 日起正式实施。《民用机场服务质量》作为行业推荐性标准颁布实施，填补了我国民用机场没有统一的服务质量标准的空白。

《民用机场服务质量标准》共计一级指标 5 项、二级指标 56 项、三级指标 259 项、四级指标 470 项、五级指标 590 项、标准 962 款。

标准主要内容包括：通用服务质量标准、旅客服务质量标准、航空器服务质量标准、货邮服务质量标准、行李服务质量标准。

服务水平协议（Service Level Agreement，SLA）是一种由服务供应商与用户签署的法律文件，其中承诺只要用户向服务供应商支付相应费用，就应享受到服务供应商提供的相应服务质量。

导致航班延误的因素有很多，并不是每一个航班都能准点起飞和降落，当机场的实际吞吐量接近理论最大吞吐生产能力时，其中一个架次的航班延误可能会产生连锁反应，造成多个架次的飞机延误。因此，一个机场有多余的跑道容量对于解决航班延误问题是非常有利的。

机场管理改进方向：明确机场定位、充分发挥地方政府的作用、维护民航市场的公平性、妥善处理机场合资和上市问题、合理选择机场运营管理模式、维护和促进行业和谐发展。

思考与练习

一、选择题（不定项）

1.《民用机场服务质量》颁布时间为（　　）年。

A．2002　　B．2004　　C．2006　　D．2010

2．下列不属于《民用机场服务质量》内容的是（　　）。

A．通用服务质量标准　　B．旅客服务质量标准

C．机坪服务质量标准　　D．行李服务质量标准

3．标准要求95%的投诉在（　　）个工作日内回应。

A．5　　B．7　　C．9　　D．10

4．当机场的实际吞吐量（　　）理论最大吞吐生产能力时，其中一个架次的航班延误可能会产生连锁反应，造成多个架次的飞机延误。

A．接近　　B．大于　　C．小于　　D．不相关于

5．美国机场管理机构一般为（　　）。

A．机场联盟　　B．政府设的机场当局　　C．航空公司联盟　　D．地方政府

二、简答题

1．我国的机场管理模式是怎样的?

2．你认为国外机场管理模式中有哪些是值得我们借鉴的？

3．你对我国现行机场管理模式的改善有什么建议?

4．简述航班延误与机场管理的连锁反应。

5．简述《民用机场服务质量》制定的背景。

三、案例分析

为进一步提升首都机场资源管理水平，最大程度发挥与航空公司协作优势，提高运行效率和服务品质，推动机场和航空公司合作共赢，2009年11月6日，北京首都国际机场股份有限公司与中国国际航空股份有限公司正式签订国航机位分配和航班信息维护委托管理协议。首都机场股份公司常务副总经理黄刚、国航股份公司副总裁张兰出席了签字仪式。

此次资源委托管理是将国航T3-C停机位分配和航班信息维护、发布的管理职责委托给设立在首都机场运行监控指挥中心的国航席位工作人员。通过这种全新的联席值班模式，简化国航航班的作业流程，提高航班运行效率，促进服务品质的持续提升。目前，通过前期的培训、考核、系统准备及近一个月的试运行，国航已经具备了委托运作的能力。

黄刚副总经理在仪式上指出，优化资源管理、提高资源效率、体现资源价值是此次资

源委托管理的目的。截至2009年10月，首都机场旅客吞吐量已达5328万人次，较去年同期增长18.5%，世界排名第四位。目前，首都机场已经提出在2015年建设成为大型国际枢纽机场的目标，而要打造世界枢纽，必须吸引更多的国际旅客在北京中转。因此，资源委托管理不但是首都机场实现成为大型国际枢纽机场发展战略的需要，同时也是航空公司打造北京枢纽战略目标的需要。航空公司接管机位分配后，会更关注衔接航班的需求，加强对中转旅客、中转航班的监控，从而有效地缩短旅客转机时间，合理分配衔接航班机位，更好地为中转旅客提供服务。

张兰副总裁在讲话中指出，通过资源委托管理，一方面有利于节约双方的沟通成本，提高工作效率；另一方面可以使机位的分配和使用更加贴近实际生产需要，提高信息的准确性，同时有助于机场节约运营成本，进一步提升服务品质和旅客满意度。

下一步，首都机场将在此次与国航进行资源委托管理的基础上，进一步总结经验，陆续推进与其他航空公司开展资源委托工作。通过与航空公司的紧密合作，进一步优化资源运作效率和整体运行管理模式，实现与各航空公司的共同发展，合作共赢，为将首都机场北京打造成为大型国际枢纽机场的战略目标奠定更加坚实的基础。

分析：机场与航空公司之间签订“服务协议”有什么好处?

主要参考文献

李丽萍，孟凡卓．2009．同呼吸共命运：浅析机场与航空公司的关系．民航资源网．

李永，朱天柱．2006．民航机场地面服务概论．北京：中国民航出版社．

刘得一． 2005．民航概论．北京：中国民航出版社．